ミニマルに暮らす with 無印良品

ミニマリストみしぇる

5人家族でも、
料理道具は
毎日使うものだけ。

ものは少なくても、
自分らしく心地よく
暮らしたい。

子どもが3人いても、
おもちゃ箱は
インテリアに
なじむのがいい。

余分なものを
手放すと見えてくる、
本当に自分が
好きなもの。

はじめに

5人家族、そして転勤族のわが家。モノを少なくして、もっと身軽に自由に生きたい。40代を目前にして、自分の暮らしに合った「シンプルでミニマルなライフスタイル」を追求しはじめました。

たくさんの失敗を経験しながらも、自分の心地よさを基準に、とことんモノを減らすことからスタートしました。モノを減らすということは、自分にとって「本当に必要なモノ」と向き合うということ。どんな部屋で暮らしたいのか、どんな服が着たいのか、どんな道具で料理したいのか、そしてどんなふうに毎日を過ごしたいのか。モノと向き合い、何度も自分に問いかけます。

モノが少なくなっていくにつれて、片づけが苦手でズボラな私でも、短時間でラクに家事をこなせていることに気がつきました。徐々に暮らし全体にも変化があらわれ、たくさんのモノに囲まれていたときよりも、毎日おだやかで、ずっと楽しく過ごせるようになったのです。3人の子育てをしていると、ときにはドタバタすることもありますが、そんな時間もいいな、と味わう余裕ができたように思います。

大好きなモノだけが残った今、部屋を見渡すと、いろいろなところに無印良品のアイテムがあります。ダイニングテーブル、ソファ、椅子、ベッド、そして収納用品。ついつい足を運んでしまう無印良品のお店で出会い、わが家にむかえたものが、たくさんあります。

どんなふうにモノを減らし、何を残し、部屋を整え、暮らしているか。モノを減らしてミニマルに暮らすというのはどういうことか、私の経験すべてをこの1冊にまとめました。

この本が、みなさんの暮らしに少しでもお役に立つことを願って。

CONTENTS

CHAPTER＝2＝ 無印良品のアイテムで部屋づくり…57

CHAPTER＝3＝ 人生をシンプルにする10の習慣…93

わが家の家族紹介

みしぇる

インテリアは好きだけど片づけは苦手。主婦歴15年で、試行錯誤しながら居心地のいい家づくりに奮闘中。

パパ

モノを捨てられない性格で、モノは妻の倍以上あり。体を動かすのが好き。アメリカのテキサス州出身。

長男

10歳。のんびりとしたおだやかな性格。勉強は好きではないけれど運動が大好き。

長女

7歳。頭の中はメルヘンチック。自分のモノはすべて自分で管理するしっかり者。

次男

4歳。真冬以外はいつもビーチサンダルの元気な末っ子。わが家のムードメーカー。

わが家

築30年の古い賃貸一戸建て。家族や親戚が集まる拠点。近くにある公園はみんなのお気に入り。

CHAPTER

1

少ないモノでシンプルに暮らす

インテリアは好き、でも片づけは苦手

子どものとき、模様替えが好きで、狭い和室の中にある勉強机や本棚を、ちょこちょこ移動して楽しんでいました。大人になってからも、やはり変わらずインテリアが好きで、書き綴っていたインテリアブログがきっかけとなり、インテリアの本を出版する機会にも恵まれました。

でも、お恥ずかしい話ですが、じつは私……「片づけ」だけは苦手でした。どうして散らかるんだろう、瞬時に部屋をきれいにできる魔法の杖があったらいいのに……と思っていました。わが家は転勤族で、子どもが生まれてからの引っ越し回数は5回！　何度も引っ越しを経験しているので、親類や友人からは、もうあなたは引っ越しのプロでしょう？　と言われます。でも実際は、毎回あたふたしている私がいます。引っ越しのたびに、その土地で手に入れたモノや友人からもらったモノなどが増えていき、3人目の子どもが生まれたときは、アメリカの広い家で暮らしていたこともあり、モノの量は今までマックスの状態！　1年半のアメリカ暮らしののち、家族5人で再び日本で暮らしはじめたのは、2015年3月のこと。神奈川県の賃貸住宅が、私たちの新しい住まいとなりました。

必要最小限のモノだけで暮らした1か月で見えたこと

神奈川での新生活に胸を躍らせ、新居に入居した矢先にショッキングな知らせが。アメリカからの荷物の到着が、なんと1か月も遅れるというのです。少しの家具や衣類はありましたが、「たったこれだけのモノで、これから1か月間どうやって生活していけばいいの!?」という状態。子どもたちの小学校の入学式も迫っていたので、不安でいっぱいでした。

夫の会社から家具を少しだけ借り、ダイニングテーブルとイス、布団をそろえました。しかし、これだけでは暮らせないので、家の近くにある無印良品で、人数分の食器、それから鍋とフライパンだけ購入しました。最初は相当不便だろう、と思っていたスーパーミニマルな生活ですが、1日1日と過ぎていくうちに、思いのほか快適であることに気づいたのです。

- モノが少ないから、部屋がほとんど散らからない。
- 食器が少ないから、洗いものがすぐに終わる。
- 家具が少ししかないから、掃除がとってもラク！

モノが少ないと、時間に余裕ができ、さらにココロまで軽く自由になったような気がしました。そして、あと1週間でアメリカから荷物が届くというころには、「アメリカから届く荷物は、もう必要ない」とすら思いはじめていました。そして実際に荷物が到着したとき、大喜びしている夫のそばで、私は心に決めました。「とことん手放す」と。

モノを手放す毎日

私だけなら、ひょっとしたら荷物をそのまますべて手放すことができたかもしれません。でも家族がいると、なかなかそういうわけにはいかないのが現実。とくに夫は、典型的ないわゆる「モノが捨てられないタイプ」なので、じっくり2人で話し合いました。そして、「家族が共有するリビングなどのスペースは、モノは少なめにして、みんなが心地よく過ごせるようにする」というルールを決めました。それからもうひとつ、「夫の部屋には、私は一切干渉しない」というルールも決めました。そうすることで、夫は自分の好きなモノを集めるなり手放すなり、自由にできるし、「リビングは、みんなが共有する場所だから、モノが少なくても、まぁ仕方ないか」とすんなり納得してくれました。こうして、私たちの新しい住まいづくりがはじまったのです。

STEP
1
玄関

玄関は、今振り返ってみても、比較的楽にミニマル化できる場所です。最初に玄関をスッキリさせれば、帰宅するたびに、「よし、次はどの部屋をスッキリさせようかな」というやる気スイッチも入ります。モノ減らしは「玄関から」が正解です。

それは、毎日はきたくなる靴ですか？

まず最初に手放したのは、自分の靴。数えてみたら15足もありました。スッキリした玄関にするために、「最小限まで靴の数を減らす」ことに決めた私。「それは、毎日はきたくなる靴？」と自分に問いかけながら、靴と向き合い、1足1足ていねいに手に取り、実際にはいてみました。

「これは、くたっとした感じが好きだけど、歩きにくいし疲れる」「うーん、歩きやすいんだけど、かなり汚れて痛んでいるなぁ」「実家のある山形ではいていたこの冬のブーツ。もうここでは出番はないかも」

そうやって、「毎日はきたくなる大好きな靴だけ」を厳選した結果、残ったのは5足。下駄箱の中に並んだ5足の靴を眺めて、「ああ、私ってコンバースが好きなんだなぁ」と改めて思いました。靴が必要以上にあったときは、大好きな靴が、そのほかの靴に埋もれてしまって、気づくことができなかったのです。

私のルールは、「靴は6足まで」。もう1足は、引っ越しと同時に朝のウォーキングをはじめたのと、週末は家族でテニスを楽しむこともあるので、やはり運動用のシューズが必要と感じたから。6足ルールのおかげで、靴選びも以前よりも慎重、かつ楽しくなりました。

STEP 1

子どもの靴の管理法

子どもの靴は、子どもの性格に合わせて管理しています。長男（9歳）と次男（4歳）は、靴にはまったくこだわりがないので、私が季節ごとに見直して、増やしたり減らしたりしています。次男は、モノを持たないわが家のチャンピオンで、靴は3足しかありません。通年はけるスニーカー、夏にはサンダル（初冬まではきます）、そして雨の日用の長靴だけ。長男も、次男とほぼ同じラインナップですが、彼の場合はテニスを習っているので、これにテニスシューズが1足加わります。長男と次男の靴は、穴があくほどはきつぶしたら、新しいものを買います。

子どもは成長が早く、足もどんどん大きくなります。また、子どもは自分の気に入った靴だけをとことんはく傾向がありますので、シーズンごとに1足あれば十分。「お気に入りの1足」を私が見極めて、それ以上靴を増やさないように管理します。選ぶのは、できるだけ長くはけるよう、質のいいものを。わが家のお気に入りはニューバランスです。

長女（7歳）は、おしゃれが大好きなので、靴だけでなく、洋服の管理もすべて彼女にまかせています。彼女には彼女のなりの考えや価値観があるので、それを尊重してあげようと思うのです。

次男の靴はこれだけ。真冬以外は裸足にビーチサンダルで駆けまわっています。

下駄箱は1人1段。名前を書いたマスキングテープを貼って。

私の靴は6足だけ。春と秋はコンバース、夏はビルケンシュトックのサンダル、冬はアクティブに体を動かせるようにニューバランス。どんなコーディネートにも合うようにベーシックなアイテムを選びます。

STEP 1

玄関の床には何も置かない

以前からナチュラルインテリアが好きで、わが家の玄関にも、古いイスや小物を飾る台、白樺かごなどをしばらく飾っていました。でも、出入り口なので、帰宅した子どもたちのランドセルがぶつかるし、ほこりがたまりやすく、掃除もしにくい……。思い切って、イスやその上に置いていた雑貨はすべて撤去しました。

玄関の三和土《たたき》に置くモノも最小限にすべく、見直しました。まずは傘。10本あった傘を減らし、一人1本だけ持つというルールにしました。その結果、なんと2本だけに。というのも、次男はまだ小さいので傘は使わない。夫はほぼ毎日車で通勤するので、傘は車の中に置いておく。そして私も車で移動することが多いので、いつも車の中にキープ。ちょっと傘が必要なときは、車から出してきて使います。というわけで、玄関にある傘は、小学生である長男と長女の傘2本だけなのです。

わが家は5人家族なので、出しておく靴は人数分=最大5足までと決めました。夫が帰宅した後に、余分な靴を下駄箱にしまうのが私の日課です。寝る前までに玄関をリセットし、すっきりきれいな状態で朝を迎えます。

靴以外で唯一出しっぱなしにしてあるのが、ほうきとちりとりです。掃除のハードルを下げるには、掃除道具をすぐ手の届く場所に置くのがいちばんです。

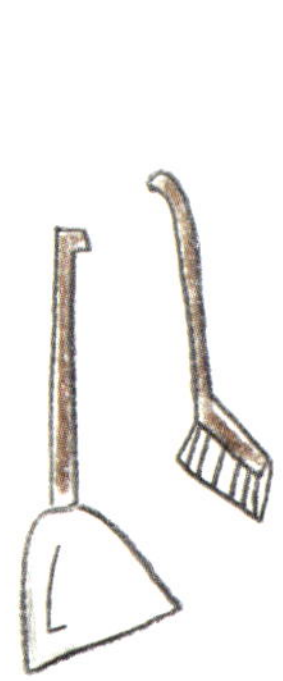

鏡は床に置かず、壁に取り付けて。出かける前に全身をチェック。[→p.92❶]

イリス・ハントバーグ（スウェーデン製）のほうき＆ちりとり。出しっぱなしにしても気にならないデザインのお気に入り。

STEP
2
リビング

わが家のリビングは白を基調にして、茶色とグレーでまとめました。レースのカーテンは淡いグレーのストライプ、黒のレザーのソファには、グレーのソファカバーをつけました。床の上に極力モノを置かないことも居心地のよい部屋づくりのポイントです。

クッションもブランケットも1つだけに

海外のインテリア雑誌で、ソファにクッションが3つずらりと並べられていたのを見て、なんとなくおしゃれだなぁと思い、それ以来、わが家でもクッションを3つ置いていました。しかし、子どもたちがクッションの投げっこをして、そのまま床に放置されたり、行方不明になったりするので、そのたびに私がクッションを探しに家中を歩き回り、気がついたら家事が1つ増えていたのです。そこで、思い切ってクッションを1個だけにして、残りの2個は押し入れにしまってみました。

「クッションは1個だけ」の効果は想像以上！　私の仕事が1つ減り、家事の時短につながりました。押し入れにしまっておいたクッションは、躊躇せず手放しました。

ほかのものも、1つだけにしたらどうだろう？　ソファで使うブランケットは3種類あったので、1枚だけに。窓につけてあった2枚のカーテンは、まとめて束ねたときに重い感じがあったので、軽いカーテン1枚だけに。

リビングに置いてある薬や日常品も、1種類ずつにしました。6枚以上あったハンカチは2枚に、テレビ台に置いてあったDVDプレイヤーはなくして、夫が気に入っているDVDだけを残し、すべて手放しました。子どもたちが読まなくなった絵本は、200冊ブックオフに売りました。

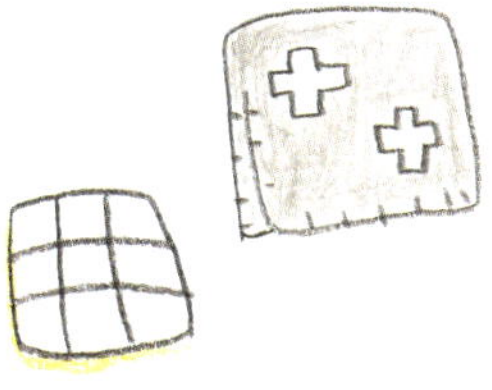

一日中、光が差し込むリビング。子どもたちが自由に走りまわれるように床置きのものはなるべく少なく。

シンプルで雰囲気のいい照明を

元々ついていた電球が6つの大きな照明を、電球が1つのシンプルなランプシェードに変更。これだけで驚くほど軽やかな空間に。

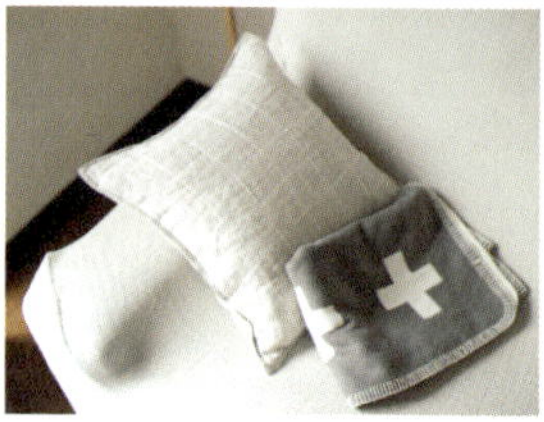

クッションとブランケットは1つだけ

クッションカバーは無印良品のリネン100%のもの。ブランケットは70㎝×100㎝で洗濯機で洗えます。

テレビ台の下はからっぽ!

入っているのはケーブルやインターネットの周辺機器だけ。たとえスペースがあってもモノは最小限に。[→p.66㉘]

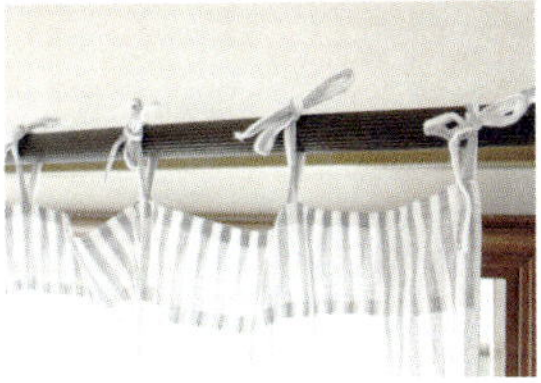

リボンで結んだり、クリップで留めたり

カーテンは、簡単に付け外しができるようにリボンで結ぶ形に。軽い布地なので洗濯もラクチン。

カリフォルニアで手に入れた刺繍のカーテンはクリップでとめてあるだけ。テーブルクロスとしても使います。

カーペットは座る場所だけ

フローリングはどうしても冷えるので、ローテーブルまわりとテレビの前にだけ無印良品のラグを敷いています。

筆記用具もミニマルに

子どもたちがリビングで宿題をするので、毎日使う鉛筆削りとペンをペン立てに入れて。

STEP 2

わが家のおもちゃ箱は、無印良品のファイルボックス

「リビングでいちばん多いものは何ですか？」と聞かれたら、まっさきに思い浮かぶのが、子どものおもちゃ。アメリカで暮らしていたとき、おじさん、おばさん、おじいちゃんやおばあちゃんに、ハロウィン、クリスマス、誕生日などのイベントのたびにもらったおもちゃが、リビングの大きなおもちゃ箱にどっさり入っていました。そしてよく見てみると、子どもたちも大きくなり、使わなくなったおもちゃのほうがたくさんあるのです。

まず、家のおもちゃを全部出して床に並べ、どれだけの量のどんなおもちゃがあるかを把握した後、使えるおもちゃをダンボール箱2つに詰めて、姪っ子たちに送りました。そして大きなおもちゃ箱は手放し、シンプルな白いファイルボックスを3つ手に入れました。おもちゃ箱は1人1つ。小さいけれど、自分だけのおもちゃのスペースがあるという新しい試みを、想像以上に子どもたちは喜んでくれました。

リビングで使うおもちゃは、きちんと自分のおもちゃ箱にしまうこと。リビングで使うおもちゃは、おもちゃ箱に入る分だけ。リビングのごちゃごちゃの大きな原因だったおもちゃが減ったおかげで、リビングの片づけがずいぶんとラクになりました。

おもちゃ箱のファイルボックスはワイドサイズで安定がいいものを。色はホワイトグレー。グレーのマスキングテープに3人の子どもたちの名前を書いて。[→p.64❶]

リビングの真ん中にあるローテーブルの下にちょうど収まるサイズ。子どもたちが自分で出し入れします。

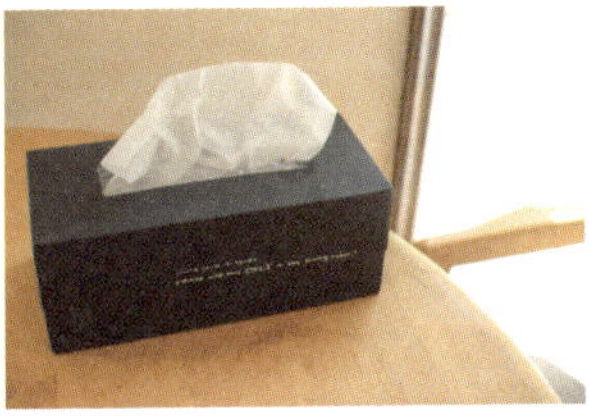

ティッシュケースも手放し、セブンイレブンのシンプルな黒い箱入りのティッシュを使うことに。

STEP 2

書類、メールは「見たら処分」

役所からのお知らせ、子どもの小学校のおたよりなど、ほうっておくと紙類はどんどんたまっていきます。あれこれ考えず、「書類は見たら処分する」ことに決めました。役所からのお知らせは、目を通したらすぐにゴミ箱へ。小学校のおたよりは、その月の分だけはとっておき、翌月になったらすぐに処分。仕事の原稿やイラストも、書き終えて役目を果たしたら捨てる。ポストに入っている広告類には目を通さず、ゴミ箱に直行します。このルールは、メールでも同じです。一度目を通したものは、基本的にすべてゴミ箱へ。どうしてもとっておく必要のあるものだけ、ラベルをつけて保存します。これらも、ある程度たまったら見直しをし、もう必要ないと判断したらゴミ箱へ移動します。

年賀状やクリスマスカードなどは、1か月は感謝の気持ちとともに、手元に置いておき、その後は、ありがとうという気持ちでスッと手放します。送り主からの心のこもったメッセージは、自分の心の中に残っているから大丈夫。わが家は転勤族なので、子どもが学校で作ってきた作品なども、とっておかずに手放してきました。今は、デジカメで簡単に写真として残せるので便利です。ちなみに、写真のプリントはしません。週末などにときどき、家族みんなでパソコンで写真を見るのが楽しみです。

雑誌は1冊とっておくとかさばるので、気に入ったページだけをやぶってファイルに入れます。このファイルが私にとってお気に入りの1冊の雑誌です。

小学校のお便り、年間予定表、連絡網などは、2人分まとめて無印良品のクリアホルダーに入れておきます。行事のお知らせはスケジュール帳に書いたらすぐに捨てて紙類を増やさないように。

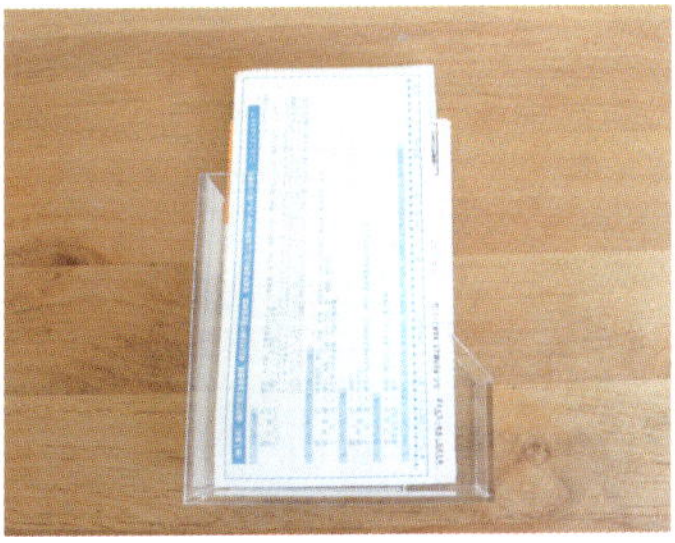

未処理の請求書は、アクリルのレタースタンドの中へ。携帯の請求書や光熱費の支払い書なども支払いが終わったら即処分。

STEP 3 キッチン

キッチンは、食器、調理道具など、多くのものが集まる場所ですが、上手にモノを手放しさえすれば、驚くほど使いやすくなります。夫や子どもがキッチンに立つこともあるので、引き出しにはマスキングテープでラベルをつけて、どこに何があるのかわかるように。

大人用の普段使いの食器はこれだけ

毎日使いたい食器を残したら、これだけになりました。これは、大人用の1セット。夫と二人分で2セットあります。来客用の食器は、普段使いの食器とは別の場所にしまってあります。

3.茶碗は無印良品のもの。汁碗は楓の木のぬくもりが感じられ、手になじみます。

2.イイホシユミコさんの白いカップ。お茶にもスープにも使います。お皿だけで使うことも。

1.箸は菜箸と兼用なので、丈夫でプチプラなニトリのもの。カトラリーはすべて無印良品。

7.中皿はアラビアのパラティッシ。大皿はイイホシユミコさんのもの。どちらも毎日登場。

6.アクタスで購入したガラスの小鉢は、サラダやシリアル、ヨーグルト、くだものなどに。

5.堀井和子さんがデザインしたグラス。底にあるクロスがポイントのお気に入り。

4.めん類のほか、親子丼や牛丼のときにも。シンプルな白だからどんな料理にも◎。

STEP 3

子ども用の食器もこれだけ

大人でも使える食器を子ども用にしています。しっかりと重みのある磁器やガラスのもの。シンプルで料理をおいしく見せてくれる北欧の食器は子どもたちも大好きです。

3.大人と同様、無印良品のご飯茶碗と、楓の木の汁碗。汁碗はほぼ毎食使います。

2.最初は来客用にと考えていましたが、好きなものこそ毎日使いたいと思い、子ども用に。

1.箸は小さめの木製のもの。フォークは白い琺瑯。スプーンは無印良品のもの。

7.鮮やかなブルーが素敵なロールストランドのお皿。朝食時によく使います。

6.ハワイで8年前に購入したものを今も愛用。子どもの手になじむちょうどいいサイズです。

5.大人と同様、アンデルセンのオンラインショップで購入。子どもも持ちやすいサイズ。

4.大人と同様、アクタスで購入したガラス製の小鉢。ほどよい大きさがお気に入り。

キッチンツールと調理道具は1点ずつ

調理道具もたくさん持っていましたが、自分の動きを改めて意識してみると、いつも手に取るアイテムは、食器と同じくじつは同じモノ。たとえばフライ返しは、ステンレスよりは、手になじむ木製のもの。おたまは、フォルムと白い色が気にいっている琺瑯《ほうろう》のものばかり使っているのです。1つあれば十分と、それ以外のものは手放しました。大・中・小とたくさん持っていたフライパンは、大小各1にカットダウン。必要な調理道具は家族構成によって違うと思いますが、わが家は5人家族なので、フライパンを2つ同時にコンロにかけて調理することが意外と多いのです。一方、鍋はあまり使わないので、複数ある鍋の中から、ほとんど使っていなかったル・クルーゼを手放しました。

週末は、おもに夫が料理をします。夫は自分が気に入っている道具を使いたいほうなので、夫の愛用している調理道具は、私には届きにくい高い位置の棚に置くことにしました。また、毎年夏には夫の両親がアメリカからやってきて、1か月間わが家に滞在します。お菓子作りが大好きな義母が使うお菓子道具も、別の場所に保管することにしました。

鍋はこれだけ。右上から時計まわりに、めん類用のゆで鍋、ミルクパン、みそ汁用鍋、シチュー・煮込み用鍋。

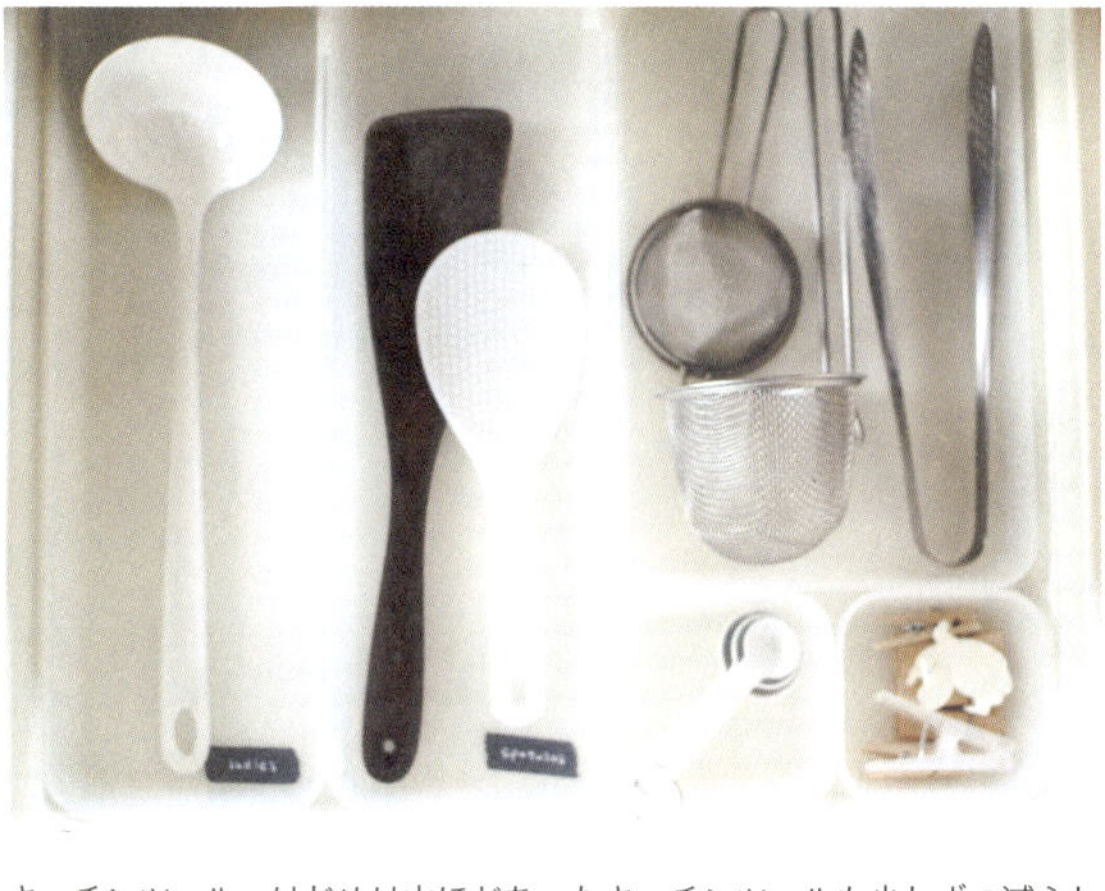

キッチンツール。はじめは山ほどあったキッチンツールも少しずつ減らして、お気に入りのモノだけが残りました。引き出しの中はスッキリ！

フライパンは大きいものが1つ、小さいものが1つ。2つのフライパンを同時に使うこともあります。

ボウルとざるは1つずつ。ざるは無印良品のもの、ボウルはいただいたもの。ボウルは琺瑯なので、サラダを入れてそのまま出すことも。

シンクの下は詰め込まずにわかりやすい収納を。まな板とざるはファイルボックスに立てて。

包丁は2本だけ。小さいものはニトリで、大きいものは無印良品で購入。

キッチンの床にはゴミ箱を置かず、シンク前の扉にレジ袋を引っ掛けてゴミ箱代わりに。

スウェーデン製のアルダー材のバスケットに旬のくだものを。くだものの色がキッチンの差し色に。

STEP 3

普段使いの食器は取り出しやすい場所に

毎日使う食器は吊り戸棚の下の段、いちばん手が届きやすい場所にしまっています。月に数回使う来客用の食器は、少々取り出しづらくても大丈夫なので、上の段や奥のほうに入れて。

グラスと子ども用のカトラリーは頻繁に使うので、トレイにまとめて出しっぱなしに。

スープの粉末は箱から出し、取り出しやすいようにかごに入れて。無印良品のスチール製仕切り板を使えば倒れることもありません。[→p67㊱]

スパイスや調味料はトレイにまとめて戸棚の中に。ふたに何が入っているかを書いておけば、上から見てもわかりやすいです。[→p64❽]

ストック類は重ねて段数を増やせる無印良品の収納ラックに入れて。大きな収納家具は買いたくないけれど、これくらいならOK。[→p65⓫]

STEP 3

水切りかごを手放してキッチンクロスだけに

わが家のキッチンカウンターをドーンと占拠していた水切りかご。以前は水切りかごをなくすことなんて考えたこともなかったのですが、この機会に思い切って撤去してみました。

代わりに用意したのは、乾くのが抜群に早いリネン素材のキッチンクロス。食器の枚数が多いときや、大きいお皿を乾かしたいときは、クロスの上に小さなまな板立てを置き、食器をまな板立てに置いたり、立てかけるようにして短時間で乾くようにします。

キッチンの掃除で使うのは、水を入れたスプレーボトル1本だけ。ボトルに水を入れ、ハッカ油（ペパーミントオイル）を1滴垂らして使います。ハッカ油は清涼感のある香りで虫よけ効果もあり、掃除に最適。以前は重曹水などを使っていたこともありますが、白い跡が残るのが気になり、結局水だけになりました。コンロまわりの汚れも、すぐにシュッと水を吹きかけて拭き取れば簡単に落ちるのです。普段はボトルをコンロ上の換気扇フードにひっかけておきます。

こびりついた汚れを取るためのメラミンのスポンジは、あらかじめ小さくカットしてかごに用意しています。

キッチンクロスとまな板立てがあれば、水切りかごはなくても大丈夫。キッチンクロスは手軽に取り替えられて衛生的だし、掃除がずっとラクになりました。

水を無印良品のスプレー付きのポリボトルに入れて、キッチンの拭き掃除に使います。コンロまわりの汚れにシュッと吹きかけてキッチンペーパーで拭き取れば、いつでもきれいなコンロを保つことができます。

北見ハッカ通商のハッカ油。ハッカはシソ科ハッカ属の植物。湿布薬や歯磨き粉にも使われています。

STEP 3

食材はその日に使う分だけ買う

ハワイや葉山で暮らしていたころ、友人や近所に住む人が、ファーマーズマーケットや朝市でその日に採れた新鮮な野菜やたまごを、その日に使う分だけ買っているのをよく目にしました。私もそれにならい、新鮮な野菜をその日に使う分だけ買うようになりました。

スーパーにはなるべく毎日行きます。もちろん使い切れないときもあるので、そのときは翌日には使い切るようにメニューを考えます。まとめて買うよりも少しコストは上がりますが、採れたての野菜やくだものには酵素がたっぷり含まれていて、健康や美容にいいし、何よりもおいしいのです。この習慣のおかげで、わが家の冷蔵庫はいつも半分以上のスペースが空いています。

平日の朝は、アメリカンスタイルの朝食で時短＆ヘルシーに。全粒粉シリアルに季節のフルーツやヨーグルトを合わせたり、ドライフルーツを入れたり、冬は温めた牛乳を入れたりアレンジして。夕食時のごはんは、白米と胚芽米をブレンドして食べています。また、子どもたちが野菜を無理なく食べられるように、週2回はシチューやカレーに。野菜を細かく切ってたくさん入れます。時間のあるときに作っておけるラクちんメニューです。

買ったものはたいていその日のうちに食べきるので、冷蔵庫はガラガラ。ソーセージやチーズは引き出しに、野菜室にはレタスなどサラダ用の野菜を。冷凍室には冷凍ピザのみ。いろいろ入れても結局忘れてしまうので、入れるものを決めておくほうが便利に使えます。

買い物の内容はこんな感じ。この日のメニューはシチューです。野菜は余さずにすべて使います。

STEP

4

ワードローブ

おしゃれをすることは、毎日がちょっぴり楽しくなる儀式のようなもの。楽しさを感じるには、何を着たらいいか悩むほど服があるのではなく、すぐに「これが着たい」とピンとくるような、シンプルなワードローブが理想です。目指すはすてきなワンパターン！

春・夏・秋のアイテムはこれだけ

着ない服をどんどん手放したら、お気に入りの服だけが残りました。クローゼットの中にゆったりと収まっている服を見ると、気持ちが軽くうれしくなります。

肌ざわりのよい、着心地のいいものが多いです。スタンドカラーのシャツが好きなので、ジャーナルスタンダードで購入したボーダーのシャツは、襟をカットしてリメイクしました。

春夏秋はスカートをヘビロテしています。コットン素材のチェックのスカートは母の手作り。10年近くも愛用しているお気に入りの1枚です。

STEP 4

冬の基本アイテムはこれだけ

ユニクロの「極暖」シャツを着て、その上に動きやすいトップスを重ねるのが私の定番。寒い冬もコットン素材など肌ざわりのいいものを好んで着ています。

車で移動することが多いので、真冬でもコートよりもベストの出番のほうが多いです。無印良品のタートルネックのセーターはメンズのもの。ゆったりとした着心地が好きで、メンズのSサイズをよく購入します。

はき心地抜群の白と紺のコーデュロイのパンツは無印良品のもの。トップスが暗い色や重ための印象のときはボトムスに明るい白をもってきます。

ウォーキングウェアを部屋着に

私の部屋着は3役こなします。部屋着であり、パジャマであり、ウォーキングウェアでもあるのです。朝起きて水をコップ1杯飲んだあと、部屋着のままウォーキングに出かけます。春夏はコットンパンツにボーダーのカットソー、秋冬は厚手のスウェットが定番。ウォーキングついでに買い物するときはマリメッコのバックパックを背負って。

冬を暖かく過ごすためのアイテム

ユニクロのヒートテックは冬のマストアイテムですが、近年発売された「極暖」はさらに暖かく、真冬には手放せません。2枚購入して着まわしています。ソックスは、ファルケのウールソックスを愛用。左右がわかるように「L」「R」と書いてあります。

厚手のコットン素材のワンピース。下にパンツをはいて重ね着します。

ユニクロの「極暖」とファルケのウール靴下。

STEP 4

特別な日の服は持たない

入学式や冠婚葬祭などで着る服は、母や妹と共有しています。普段は母と妹が住む山形に置いてあるので、必要になったときは靴といっしょに送ってもらいます。

もうすぐ65歳になる母とは、昔から服の好みが似ていて、いつからか洋服を共有するようになりました。ワンシーズン着たら交換するというふうに、たまにお互いの服を貸し借りしています。山形から送ってくれる服は、ほとんどのものが母の手作り。母は昔から洋裁が好きで、地元の小さな生地屋さんで20年以上も働いています。その生地屋さんで手に入れた生地からすてきな服を生み出すアイディアには、いつも驚かされます。

最近のお気に入りは、デニム地のカシュクール。年中着られるアイテムで、出かけるときだけでなく、朝起きたときにさっと羽織ったりもできる優れものです。それから、チェックのコットン素材のワンピースも、1枚で着ておしゃれに決まるので、秋口によく着ていました。

貸し借りも取り入れて、服の枚数を少なく保っている私のワードローブ。コートも2枚だけと決めています。お気に入りのシンプルなＭＨＬ．のコートは、取り外しできるダウンのライナーがついているので、真冬から春先まで活躍してくれます。

チェックのコットン素材のワンピース。母、妹と兼用です。

おばあちゃんお手製の服を着る娘。好きな布とデザインを送ると、かわいい服となって返ってくるので娘は大喜び。小さくなったものは1つ年下のいとこのところへ。

コートには取り外しできるダウンのライナーがついているので、真冬にも対応します。

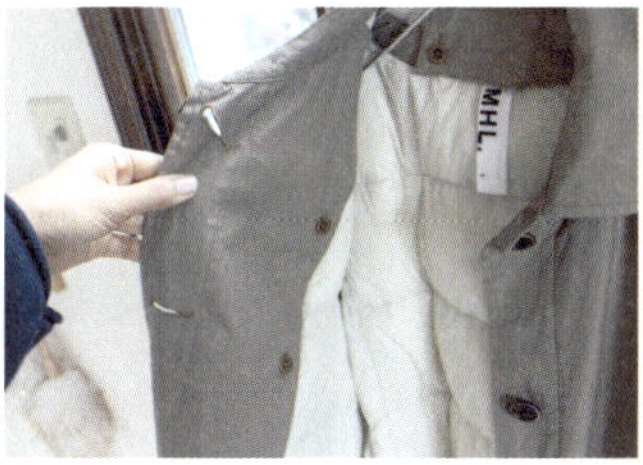

コートは2枚だけ。ザ・ノース・フェイスのパーカー（左）とMHL.のコート（右）。

STEP 4

子ども服の枚数は？

日々成長する子どもの服は、気づくとどんどん増えていて、あっという間に収納ケースに入りきらないほどに。わが家の場合はそれが3人分！　試行錯誤した結果、子ども服は収納スペースにゆったりと収まる数をキープすることにしました。そのほうが、子どもが自分で出し入れできるし、着替えのときも迷わず選べるからです。

サイズアウトしたものは、甥っ子や姪っ子に譲る、もしくは処分する。ここまでは3人共通ですが、手持ちの服を減らす作業は、靴と同じく子どもたちの性格に合わせています。長女はおしゃれが大好きで洋服は自分で管理したい性格。だから彼女の服は収納スペースに収まる限り好きなように管理させています。長男はファッションには無頓着なので、100％私が管理しています。次男は、長男よりはこだわりがあるのですが、好きなモノをとことんヘビロテする性格なので、着ない服はすべて甥っ子に譲り、こまめ洗濯して少ない枚数で着まわしています。

靴下は、片方だけ傷んだり行方不明になったりすることがあるので、同じ靴下を3足ずつ買い、どの組み合わせでもいいように。汚れたり穴があいてしまったりしたら、「もったいない……」と躊躇せず、潔くウエスにするか処分します。

長男の服はこれだけ

各シーズンとも、シャツ5〜6枚、パンツ4〜5枚。

次男の服はこれだけ

各シーズンとも、シャツ5〜6枚、パンツ4〜5枚。

STEP 4

かばんの中からミニマルに

以前、「モノがありすぎて困っている」と友人から相談を受けたとき、「まずは小さなところからはじめてみたら？　たとえば、かばんの中からとか」とアドバイスしました。数か月後にその友人と再会したとき、「ハードルの低いかばんの中からはじめてよかったよ。もっとできるような気がして、家の中もスッキリさせることができた」と喜ばれました。

私は、家の出入り口である玄関からモノ減らしをスタートさせましたが、手放すことに抵抗があったり、忙しくてなかなか時間がとれないときは、手始めにバッグや財布などの小さな場所を片づけることからはじめるといいかもしれません。

バッグの中をすっきり保つために利用しているのが、無印良品のバッグインバッグ。ポケットがたくさんついているので、カギ、ケータイ、ペンなどの小物を整理できて便利です。ですが、ポケットが多いため、何がどこに入っているのかわからなくなることも。それを解消するべく、バッグインバッグのポケットにマスキングテープを貼ってラベリングしました。これが思った以上に快適！　モノ探しの小さなストレスが解消されました。

財布の中のカードはよく使う5枚ほど。週に1度は中身を見直し、不要なモノを手放します。レシート、お店のクーポン、何となく作ったポイントカードなどは、使わないと判断したら迷わず処分。

リュックやトートバッグを持つことが多いので、バッグインバッグは手放せません。小さなものをすっきりと整理できます。
[→p.67㊲]

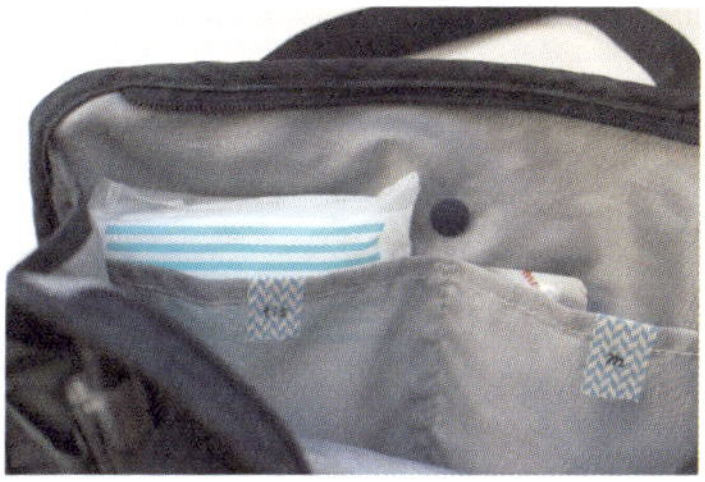

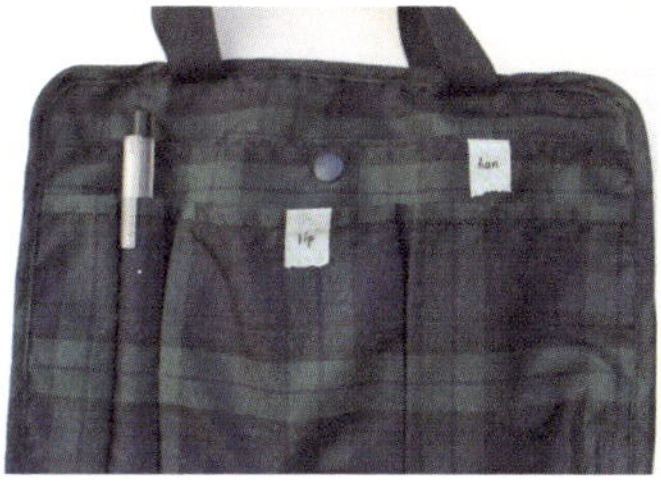

ポケットにマスキングテープでラベルをつけました。自分だけがわかればいいので目印程度に。

※写真のバッグインバッグは数年前に購入した著者の私物のため、現在無印良品で販売されているものと色柄が異なります。

STEP

5

浴室・トイレ 洗面所

浴室と洗面所は狭いスペースなので、徹底的にモノを少なくすることがきれいを保つ秘訣。こまめに窓を開けて湿気がこもらないようにし、家族みんなが快適にバスタイムを楽しめるようにします。

わが家の適量はこれぐらい

まず、10枚以上あったバスタオルを、1人1枚＋来客用のタオル4枚（今まで、一度に大人4人と子ども3人が滞在したことがあるので）に減らしました。朝、顔を洗ったら各自吊るしてあるバスタオルで拭くので、6枚あったフェイスタオルは1枚のみに。いろいろな種類があったシャンプー類も、シャンプー、コンディショナー、ボディーソープ3本を家族みんなで使うことにしました。浴室用洗剤とトイレ用洗剤は兼用で、マーチソンヒュームのボーイズバスルームクリーナー1本です。

私のスキンケアはいたってシンプルです。化粧水、オイル、そして美容液の3点。数年前からジョンマスターオーガニックのものを愛用していて、化粧水はスプレーボトルに入っているラベンダーのミスト。シュッと顔に数回吹きかけて、手で肌になじませます。そのあとアルガンオイルを2、3滴、最後に美容液をつけて完成。夜はメイク落としで洗顔しますが、朝は水だけで洗います。

右から、ビタミンC入り美容液、アルガンオイル、化粧水。

STEP 5

洗面台下の収納もシンプルに

洗面台の下のスペースはゆとりのある収納を心がけて。トイレットペーパーや洗剤などは多くは買い置きせず、ここに置いてあるストック分が減ったら買い足すようにしています。

1.2. 無印良品のメイクボックスにメイク用品をまとめて。

3. アクリル製仕切り棚の上はドライヤー、下はトイレットペーパーの定位置。[→p.66㉑]

4. ファイルボックスには洗剤のストックなどを入れて隠す収納に。[→p.64❷]

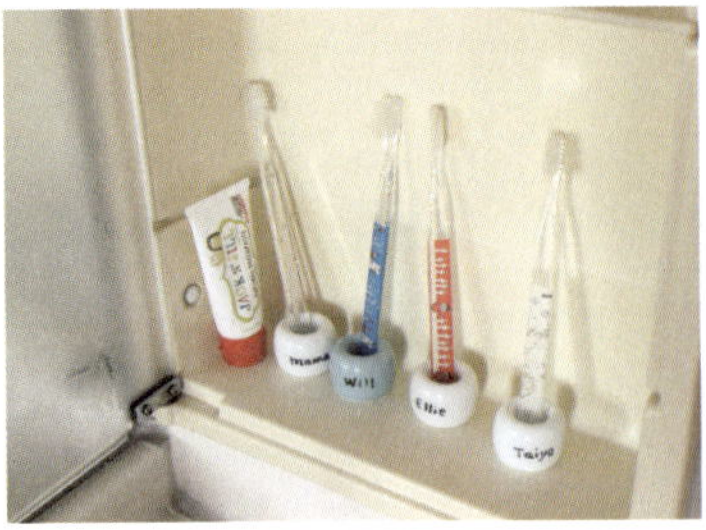

歯ブラシは歯ブラシ立てに1本ずつ立てて。[→p.67㉝]

6つに仕切られているメイクボックスは、チークブラシ、マスカラ、ブラシなどを収納するのに便利。1か所に1、2個のアイテムと決めてわかりやすく。[→p.64❺]

浅いメイクボックスには、ファンデーションやチークパウダーなどを入れて。歯ブラシスタンドに前髪をとめるヘアクリップを立てて取り出しやすく。[→p.64❻]

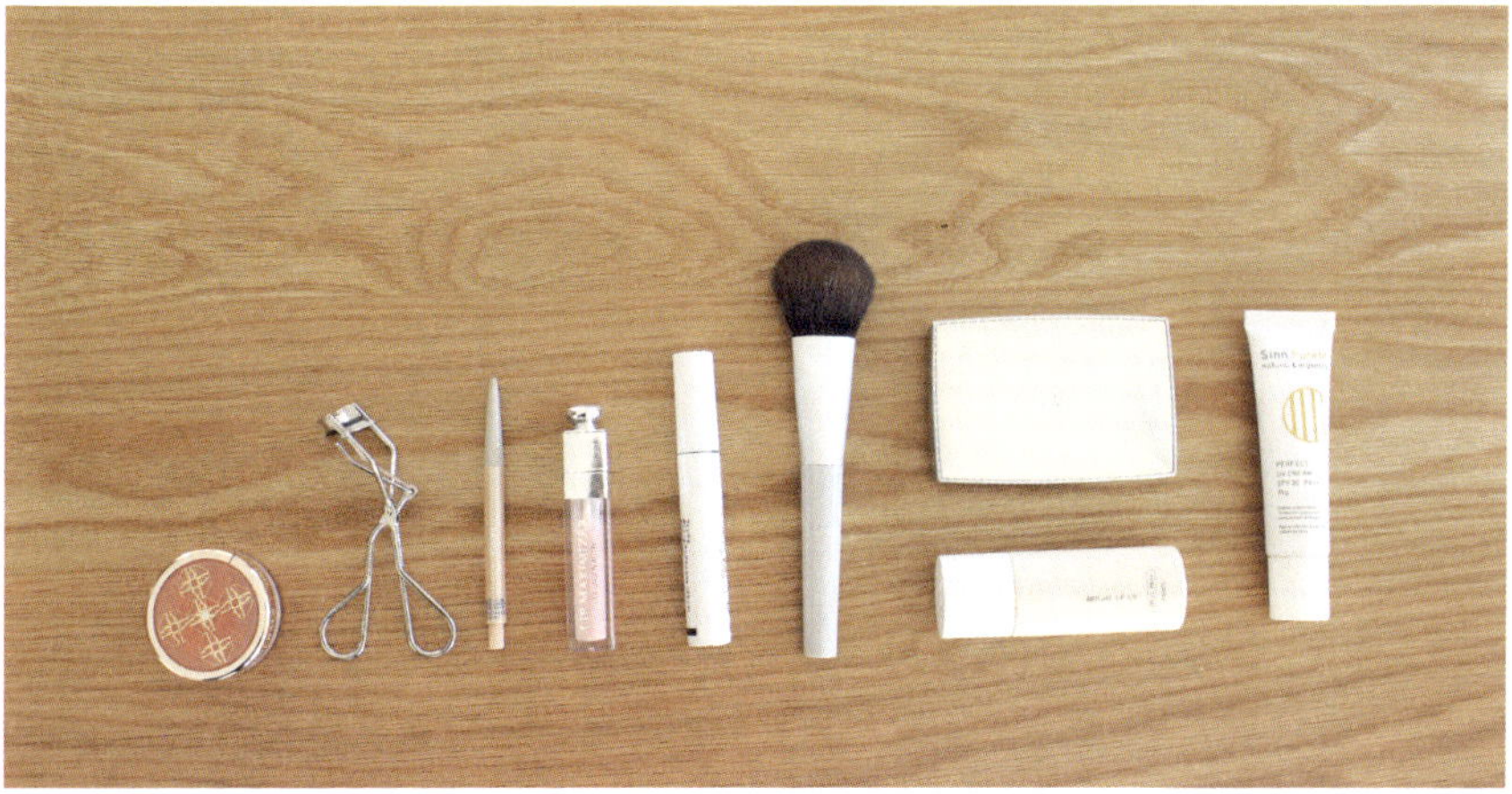

メイク用品一式。右から日焼け止め、粉ファンデ、リキッドファンデ、チークブラシ、マスカラ、グロス（口紅は使いません）、アイブロウペンシル、ビューラー、チーク。

COLUMN

本の手放し方

子どもが生まれてからコツコツ集めてきた絵本ですが、引っ越しのたびに、本の荷造りと荷解きに苦労してきました。上の子ども2人が小学生になり、もうほとんど絵本を読んでいないことに気がつき、お気に入りの絵本以外はすべて手放すことにしました。

どうやって処分しようかと迷っているときに見つけたのが、ブックオフの「宅本便」というサービス。無料で自宅に本を取りにきてくれるサービスで、20冊から買い取ってくれます。申し込み時に銀行口座を登録し、査定後に売れた金額が口座に振り込まれるシステム。近くに買い取ってくれる本屋さんがない、本が大量にありすぎてお店まで運べない、または忙しくてなかなか処分できずにいる……という場合におすすめしたいサービスです。

私がはじめて利用したときは、ダンボール箱3つ分ほどあり、なかには古びている本もあったのですが、すべて引き取ってもらえて安心しました。本や雑誌がたまるたびに利用しています。

子どもの絵本だけで3箱分にも。便利なサービスなので定期的に利用して本棚をミニマルにキープ。

CHAPTER

2

無印良品のアイテムで部屋づくり

私が無印良品を選ぶ理由

結婚して、はじめて新生活のものをそろえたお店が「無印良品」でした。以来14年の間、転勤族の私たちは、無印良品の家具や収納用品とともに、国内を転々とするだけでなく、ハワイやカリフォルニアにまでも飛んでいきました。

シンプルでどんな空間にもフィットする無印良品のアイテムは、日本とは規格が異なるアメリカの住宅にも、スッとなじんでくれました。はじめてのアメリカ本土での生活でホームシックになったとき、無印良品のモノは、私にとって、故郷日本を感じさせてくれる、とても心強い存在でした。渡米前に手に入れた「落ちワタふきん」は、なかなか日本に帰国できない日本人の友人たちにどれだけ喜ばれたことか。無印良品は、私の心地いい暮らしとつながっています。「モノは少なく、身軽にシンプルに暮らしたい」。自分の理想の生活スタイルを見つけた今も、私のお手本はいつも無印良品なのです。

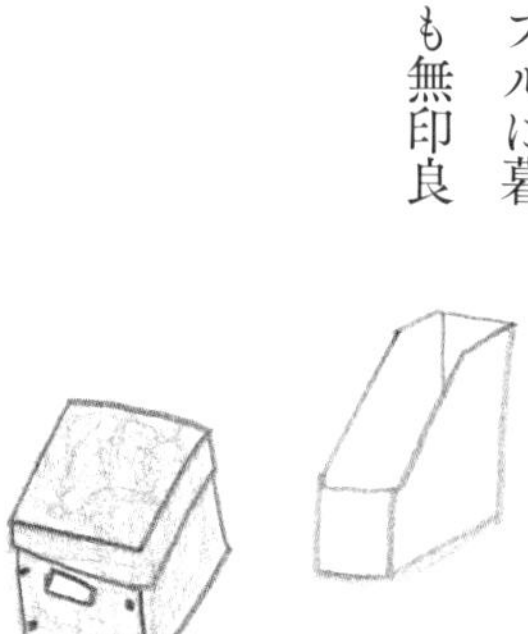

マスキングテープは必需品

片づけをラクチンにするうえで欠かせないアイテムが、マスキングテープ。マスキングテープとのつきあいは、かれこれ10年以上にもなります。

私の使い方は、じつにさまざま。雑貨などを好みにリメイクするときも使いますが、いちばん多い使い方は、収納アイテムに貼ってタグやラベルとして使うこと。タグやラベルとして使うマスキングテープの色は、黒か濃いめのグレーと決めています。この色のマスキングテープに、ペンは「ドゥ！ポスカ」の極細の白というのが私の定番です。ポスカのペンは、マスキングテープなどの紙はもちろん、写真やプラスチックなどにも書くことができるので、たとえばスパイス類のふたに名称を書いて、上から見ても何が入っているかわかるようにしたいときなどにも便利に使っています。

マスキングテープでラベルを作る利点は、収納場所が変わったとき、簡単にはがせて、すぐに別のラベルを作れること。とにかく手軽にラベルができるのです。私自身、もっといい場所が見つかったら収納場所は気軽に移動させたいので、簡単に貼ったりはがしたりできるマスキングテープは、とても頼もしい相棒なのです。

ラベリングに使うマスキングテープは黒かグレー。おもに私が使うものは白い英文字で。子どもも使うものはひらがなで。[→p.67㊵]

引き出しが多いチェストにもラベリング。このおかげでモノ探しをすることがなくなりました。

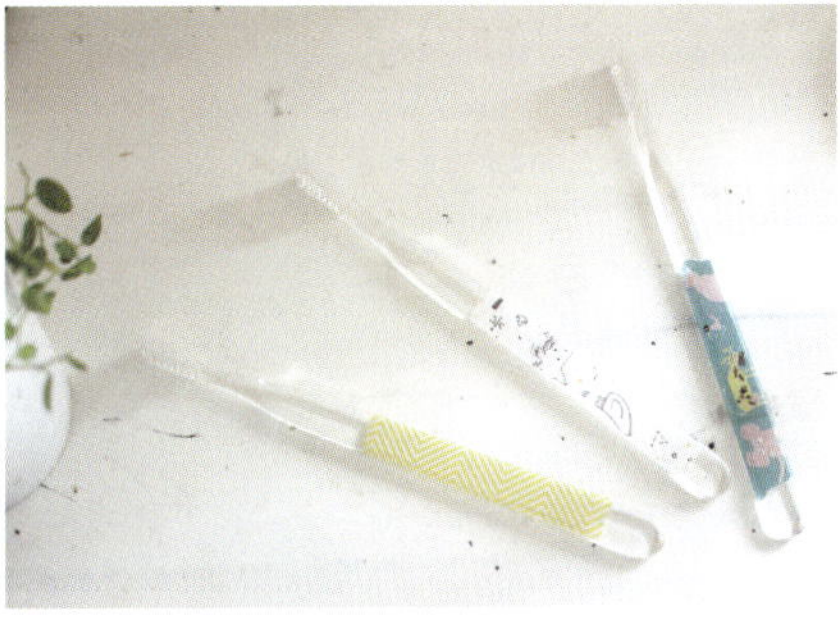

無印良品の透明の歯ブラシに、かわいい模様のついたマスキングテープを貼って子ども用に。

無印良品の収納用品は素材別に見るとわかりやすい

ラタン

しっかりと編まれたナチュラルなラタンの風合いは、どんな空間にもマッチ。重ねられて、軽くて持ち運びしやすいのもポイントです。

ポリプロピレン

種類とサイズ展開が豊富。半透明のほかにホワイトグレー色のアイテムもあり、中にあるモノを完全に見えなくしたいときはこちらを。

無印良品にはさまざまな収納アイテムがありますが、私が愛用している素材は、おもにポリプロピレン、ラタン、硬質パルプボード、ポリエステル綿麻混の4種類。そしてその中の7割が、ポリプロピレン素材の収納アイテムです。さまざまなサイズのボックスは、わが家の引き出しの中をスッキリと細かく仕切ってくれる頼もしい存在。半透明のポリプロピレンは中身がぼんやりと見える程度なので、出しっぱなしにしても生活感が出ないのも魅力です。

ほかに、重ねられるラタンのバスケットや、シックな黒い色が魅力の硬質パルプボードボックスなど、あえて出しっぱなしにしたい収納用品がたくさんあります。異素材どうしでも不思議となじんで空間に溶け込んでくれること、サイズ展開が豊富でぴったりの大きさが見つけやすいのもうれしいです。

ポリエステル綿麻混

やさしい風合いのソフトボックス。取っ手がついているものは引き出しやすく子ども服の収納におすすめ。内側がコーティングされているので、汚れてもさっと拭けます。

硬質パルプ

耐久性にすぐれたパルプボードを使った収納用品。ボックス型、引き出しタイプなどがあります。黒い色がインテリアを引き締めてくれます。

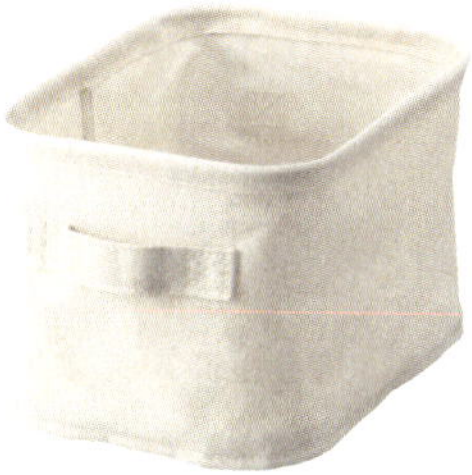

小さいものの収納には…

ベロア

引き出しタイプのアクリルケースに入る内箱ですが、風合いがとても素敵なので、私はそのまま棚に置いてアクセサリー入れに。

アクリル

大切なものやお気に入りのものを、ディスプレイ感覚で収納したいときに便利。透明感のある良質な素材なので、〝きちんと感〟を出すことも。

わが家で使っている無印良品の収納アイテム

シンプルでベーシックなデザインの収納用品は、すっきりした部屋づくりに欠かせません。

素材もサイズ展開も豊富なので、ぴったりのものが見つかります。

❶

ポリプロピレンファイルボックス スタンダードタイプ・ワイド・A4用・ホワイトグレー

¥1,000

リビングのおもちゃ箱や子どもたちの本入れとして使っています。

→p.27、p.69

❷

ポリプロピレンスタンドファイルボックス・A4用・ホワイトグレー

¥700

洗面所のシンク下に置いてストックの洗剤やシャンプー入れに。

→p.54、p.76

❸

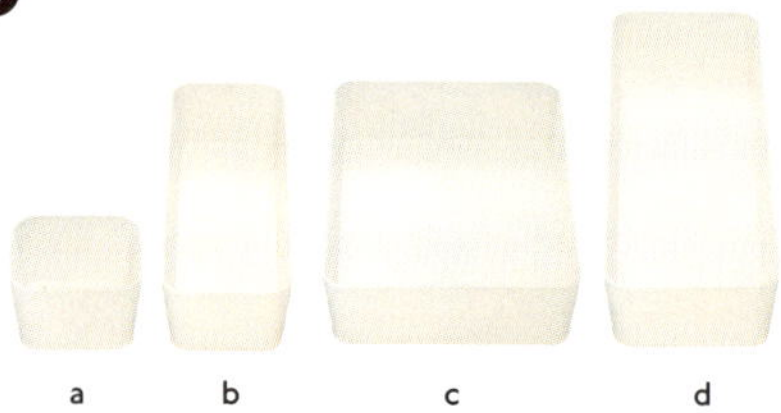

a **ポリプロピレン整理ボックス・1**
¥80

b **ポリプロピレン整理ボックス・2**
¥160

c **ポリプロピレン整理ボックス・3**
¥200

d **ポリプロピレン整理ボックス・4**
¥180

キッチンの引き出し、キャビネットや冷蔵庫の中など、あらゆる場所で活躍する整理ボックス。サイズを組み合わせることで、引き出しの大きさに合った収納をカスタマイズできます。

→p.34、p.72

❹

ポリプロピレン収納キャリーボックス・ワイド・ホワイトグレー

¥1,000

仕事で使う文具類を入れています。持ち手があるので持ち運びも便利。

→p.78

❺

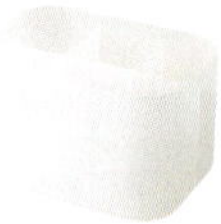

ポリプロピレンメイクボックス・仕切付・½横ハーフ

¥300

ブラシ、ペン類、クリームなどのメイク道具を立てて収納するのに便利です。

→p.55

❻

ポリプロピレンメイクボックス・¼

¥250円

コンパクトやヘアピンなど細かなメイク用品を入れています。

→p.55

❼

ポリプロピレンメイクトレー・小

¥120

わが家では小さなパックのジュースを並べて冷蔵庫の中で使用しています。

→p.41

❽

ポリプロピレンメイクボックス・¼縦ハーフ

¥180

スパイスや調味料の小さな容器をまとめて入れています。

→p.37

9

ポリプロピレンデスク内整理トレー2、3、4
¥180〜220

仕切り板を動かせるので引き出しの中の小物を整理するのに最適。

→p.71、p.73

10

ポリプロピレンケース用スチロール仕切り板・大
¥1,000

引き出しの仕切りに。ポキポキと手で折ってサイズに合わせて使います。

→p.73

11

ポリプロピレン収納ラック・深大型
¥1,000

ポリプロピレンケース引出式・横ワイド・薄型2個
¥1,200

用途に合わせて積み重ねて使うことができ、シンク下などの隙間収納に便利なアイテム。

→p.37

12

重なるラタン・長方形ボックス・小
¥2,300

このかごの素材感が好きです。積み重ねられるのも便利。

→p.76

13

重なるラタン長方形バスケット・特大
¥5,000

重なるラタン長方形バスケット用フタ
¥1,000

わが家では脱衣所に置いています。

14

硬質パルプボックス・フタ式・浅型
¥1,200

玄関に置いて宅配便用の伝票やペン、テープなどを入れています。

→p.69

15

硬質パルプボックス・フタ式・ストッカー
¥3,570

丈夫でキャスター付きなので重いものを入れても。

→p.69、p.77

16

ポリエステル綿麻混・ソフトボックス・長方形・ハーフ・小
¥800

次男の衣類入れに。ちなみにおむつ入れにもちょうどいいサイズ。

→p.85

17

ポリエステル綿麻混・シューズホルダー
¥2,200

玄関に吊るして家族全員分の帽子とエコバッグを収納しています。

→p.69

18

高さが変えられる不織布仕切ケース
大・2枚入り ¥1,000
中・2枚入り ¥850

子ども部屋の引き出しの中に入れて、靴下やパンツなどを収納しています。ひとつのケースに入れるのは1種類のアイテムと決めれば、しまいやすく取り出しやすい。

→p.84

25

壁に付けられる家具・棚・幅88cm（オーク材）
¥3,900

壁に付けられる家具・棚・幅44cm（オーク材）
¥2,500

石こうボードの壁に、専用の固定ピンとフックで簡単に設置できます。玄関やリビング、寝室で小物置きとして使っています。

→p.24、p.80、p.81

26

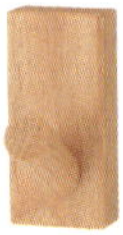

壁に付けられる家具・フック（オーク材）
¥900　＊耐荷量2kg

カギや帽子などの小さなものから、バスタオル、衣類など大きなものまで掛けられます。

→p.75

27

パルプボードボックス キャスター付・ベージュ（タテ・ヨコ仕様）
¥5,900

縦横どちらでも使える棚。わが家は縦にして使っています。

→p.68

28

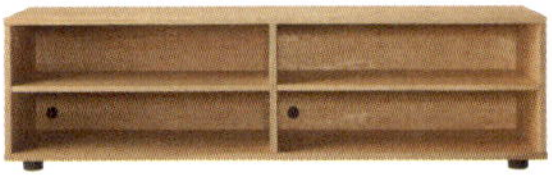

スタッキングキャビネット・幅162.5cm（基本セット）オーク材
¥25,000

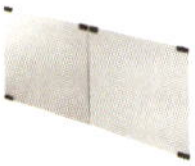

スタッキングキャビネット ガラス扉（左右セット）
¥3,000

スタッキングキャビネット 木製扉（左右セット）
¥4,000

テレビ台としても使えるキャビネット。棚や扉を組み合わせてカスタマイズできます。中が見えないようにしたい場合は木製扉に。わが家は左側をガラス扉にしました。

→p.24

19

アクリルペンスタンド
¥150

小さいながらもしっかりとした作りで見た目もきれい。

→p.75

20

アクリル小物スタンド・小
¥700

文具以外に、メイク道具、シュガーやミルクを入れても。

21

アクリル仕切棚
¥800

洗面所の収納で使っています。透明なので圧迫感がないのが◎。

→p.54

22

重なるアクリルケース用・ベロア内箱仕切・格子・グレー
¥1,000

指輪やピアスなどの小さなアクセサリー入れに。

→p.83

23

MDF書類整理トレー・A4・2段
¥2,500

木の質感となめらかな手ざわりが心地いいトレー。

→p.85

24

壁に付けられる家具・長押・幅44cm（オーク材）
¥1,900

写真や本をディスプレイできるほか、ハンガーを引っ掛けることも。

→p.80

29

キッチンペーパーホルダー

¥500

マグネット仕様のホルダー。冷蔵庫の側面にくっつけています。

→p.75

30

マグネット付ラップケース　小

¥800

ラップもすぐに手に取れるよう冷蔵庫の側面につけて。

→p.75

31

木製角型トレー（約幅14×奥行14×高さ2cm）

¥800

14cm×14cm、高さ2cmと小さいながらもわが家では出番多し。

→p.73、p.75

32

タモ材ごみ箱・長方形

¥2,500

見た目の美しいスリムなゴミ箱。わが家のゴミ箱の8割はこれ。

→p.79

33

白磁歯ブラシスタンド 1本用

¥300

歯ブラシ以外にも、スプーン、ペンなどすぐに手に取りたいものを入れて。

→p.54、p.74

34

アルミS字フック・大

¥150

錆びにくい素材なので水まわりでも安心。大きいサイズが便利。

→p.69

35

ポリプロピレンハンガー・婦人用ピンチ付（約幅40cm）

¥260

スカートをかけたり、厚みがあるのでジャケットをかけたり。

→p.82

36

スチール仕切板・小

¥210

ブックエンドとして使うほか、調味料ケースの中を仕切るのにも。

→p.37

37

ナイロンタフタバッグインバッグ B6サイズ・黒

¥1,200

トートバッグの中を整理するのに重宝しています。小物をまとめて。

→p.51

38

ポリプロピレンカードホルダー・3段（サイド収納）
3段・60枚用・サイド収納

¥105

さまざまなカード類を収納。バッグインバッグにちょうど入る大きさ。

→p.88

39

スチールテープディスペンサー

¥1,300

目立ちすぎないシンプルなデザインがお気に入り。

→p.78

40

アクリルテープディスペンサー小・セロハンテープ用

¥126

マスキングテープ用に使っています。とても便利!

→p.61

玄関では必要なモノにすぐ手が届くように

玄関では、出かけるときに必要なものをサッと手に取れることが何より大事。わが家の玄関にはクローゼットがあり、この中に玄関で使うものをまとめて収納しています。扉は閉めず、いつも開けっぱなし。でも収納アイテムの色を白・グレー・茶で統一しているおかげで、スッキリ見えます。

奥行きのある玄関のクローゼットは、モノを詰め込みすぎないように。
奥にあるボックスの棚は、一時置き場として使っています。[→p.66㉗]

高い位置にある棚に4つ並べたバンカーズボックスには、夏に使う遊び道具や虫よけグッズ、ピクニック用品などを入れて。

マスキングテープに名前を書いてラベリング。

吊り下げたホルダーの中には、5人の帽子とエコバッグ。背の低い次男（4歳）の帽子は一番下の段に。[→p.65⓱]

宅配便の伝票とテープなどは、浅型のパルプボックスにまとめて。以前はリビングに置いていましたが、やはり使う場所に置くのがいちばん。[→p.65⓮]

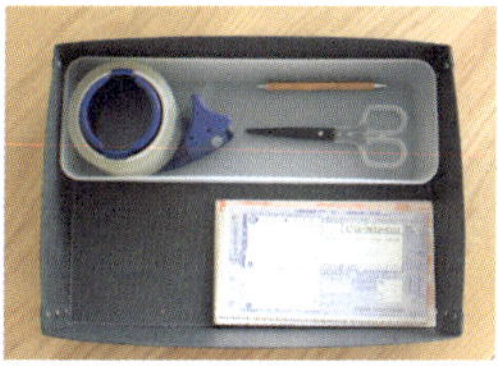

子どもたちは帰宅するとランドセルをしょったままリビングまで来て、リビングで宿題が終わったら、ランドセルはこのボックスの中へ。[→p.65⓯]

長男のテニスラケット。以前はラケットをフックにかけていましたが、「ファイルボックスのほうがスッと簡単に入れられる！」と喜んでいます。[→p.64❶]

背の低い長女と次男のために、ひもをつるしてS字フックをつけました。ハンガーにかけるのは面倒がってなかなかしないのですが、S字フックだと引っ掛けるだけなのでラクのようです。無印良品のS字フックのツヤ消しの感じが好き。[→p.67㉞]

子どもたちの勉強はリビングで

子どもたちは、いつもリビングで宿題をします。ランドセルの中から教科書や筆記用具を出し、リビングのローテーブルに広げて勉強しています。好きな場所に移動させて使えるサイドテーブルも、お気に入りの机。その日の気分に応じて好きな場所で読み書きしています。

ポリプロピレンファイルボックスをソファの横に置いて、教科書や図書館の本を入れています。たくさん入れても倒れない安定のよさ。

木製トレーはもちろん単体でお盆としても使います。

このテーブルは、じつは木製トレーをスチールのトレースタンドの上にのせてあるだけ。無印良品のアイテムです。[→p.92❷]

この机のよさは、軽くて移動がしやすいこと。普段はソファのサイドテーブルとして使っていますが、好きな場所に移動して宿題もできます。

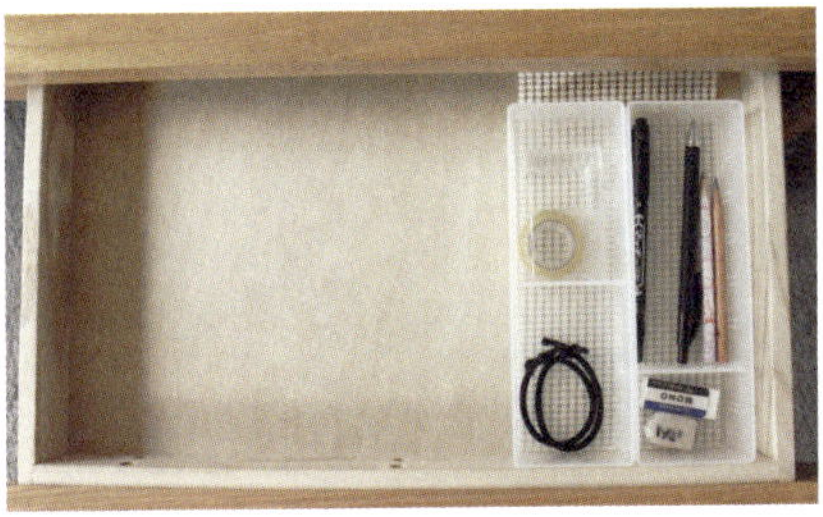

リビングのローテーブルの引き出しにすべり止めシートを敷いて整理トレーを置き、子どもたちが使う文具と、朝ここで身支度をする娘の髪ゴムを収納しています。

家族のだれもが出し入れしやすいように

リビングに置いたキャビネットの6つの引き出しは、無印良品の小物収納アイテムで仕切ってわかりやすく。ポリプロピレンの収納ケースが役立っています。だれでも迷わず戻せるようにラベルもつけました。引き出しの中は詰め込みすぎず、ゆとりを持たせて。

ⓐ

つめきり、ソンバーユ、日焼け止めなどの日用品を入れて。いちばん大きいサイズのボックスを横に置き、底には滑り止めシートを敷きました。

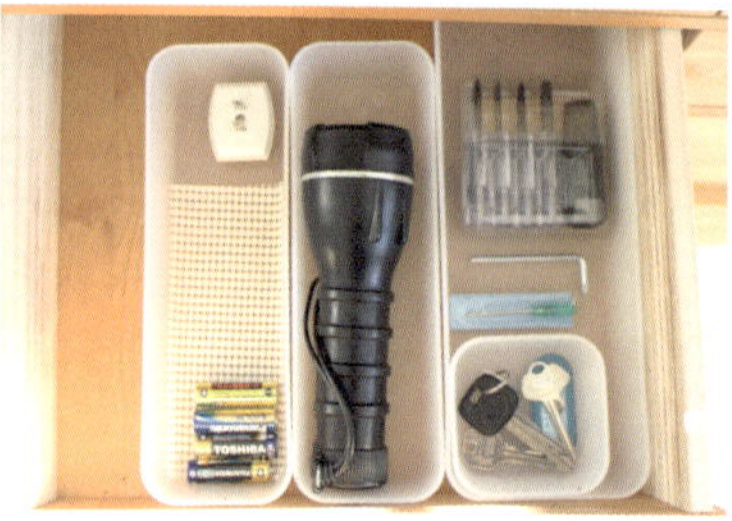

ⓑ

電池、懐中電灯、ドライバーなど、たまに使う道具類はこの引き出しに。転がらないようにボックスで仕切って。

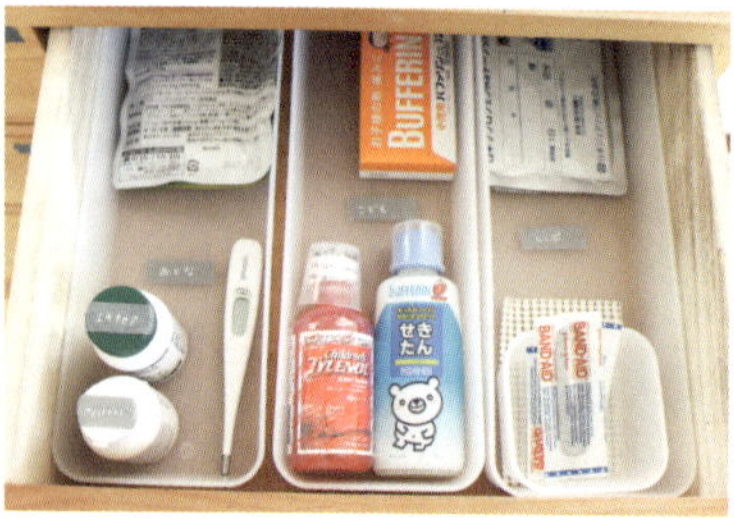

ⓒ

わが家の薬箱はこの引き出し。体温計、風邪薬、サプリメントなどの薬類を入れて。ボックスは重ねると滑るので、絆創膏を入れている小さいケースの下には滑り止めシートを。

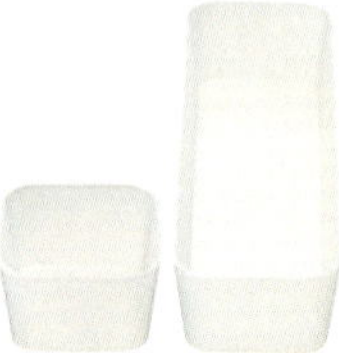

ⓐⓑⓒ

ポリプロピレン整理ボックス

さまざまなサイズ展開がある収納ケース。引き出しに合わせていくつか組み合せて使っています。[→p.64❸]

ポリプロピレンケース用スチロール仕切り板

引き出しのサイズに合わせてカットして使います。2枚をクロスさせることで自立します。

[→p.65❿]

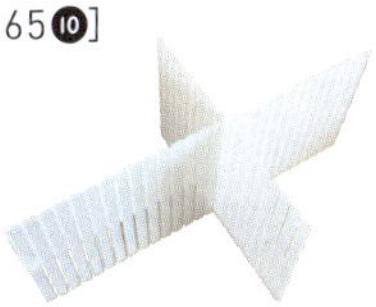

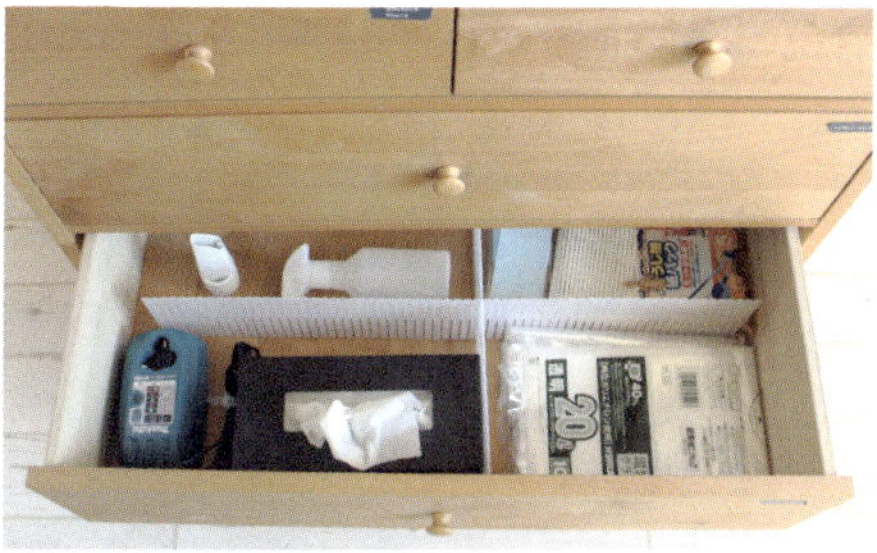

いちばん下の引き出しには、リビングで使う掃除用スプレー、ゴミ袋、掃除機用紙パックなどを入れて。仕切り板をクロスさせて、収納スペースを4つに仕切りました。

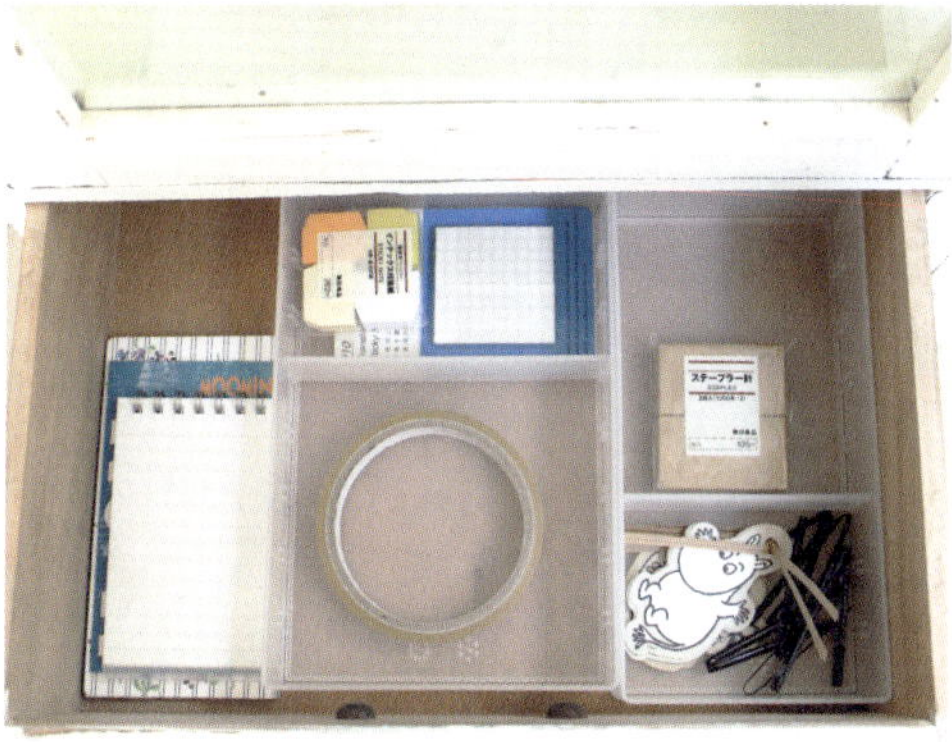

使用頻度の低い文具とストック類は、この引き出しの中にまとめて。

ポリプロピレンデスク内整理トレー

仕切り板を移動させることができて便利なケース。小物の収納に。
[→p.65❾]

ハンカチとポケットティッシュもリビングの引き出しにしまっています。

木製 角型トレー

14センチ角の小さなトレーはアクセサリー類などを入れても◎。[→p.67㉛]

コーヒーメーカーのそばには
コーヒースプーンを。立てて
おきたくて、歯ブラシホルダ
ーを使うことにしました。コ
ーヒーが大好きで自分でコー
ヒーを淹れる夫のお気に入り。
[→p.67㉝]

しまいこまず収納しすぎない

出しっぱなしにするものは、基本的に毎日使うものだけと決めています。目に入るものには、自然と手が伸びます。そのいちばんいい例は掃除道具。しまい込んでしまうと掃除がたいへんなものに思えてしまいますが、道具がそばにあると、驚くほど気軽に簡単にできるのです。

リビングの壁にフックを取り付けて、マキタの掃除機とホコリ取りをかけておきます。すぐに掃除道具に手が届くようにしておくことは、ズボラな私には必須！［→p.66㉖］

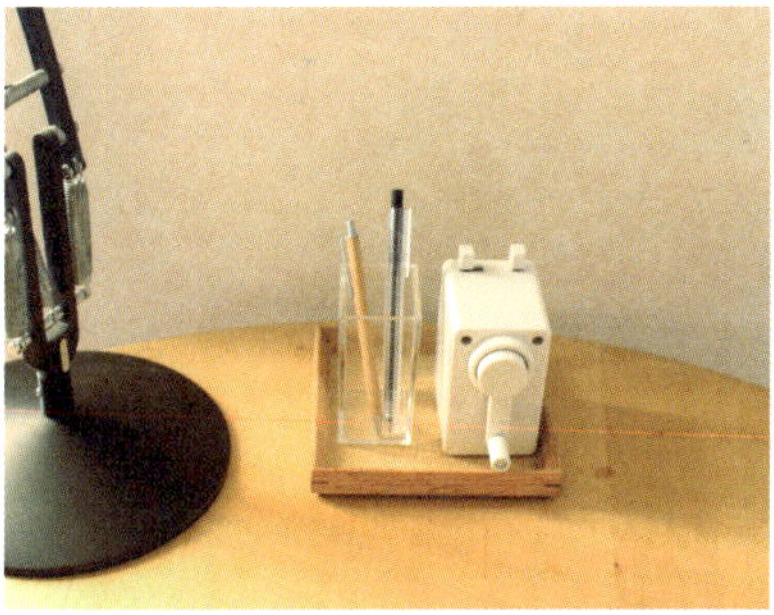

リビングのテーブルの上には、いつも使うペン、はさみ、鉛筆削りをトレーにのせて。トレーだと家族もきちんと戻してくれます。［→p.67㉛］

洗面台で使うコップは吸盤フックにひっかけます。洗面台が汚れず見た目もきれい。

冷蔵庫の側面には、キッチンペーパーとラップを。ラップはマグネット付きのケースに入れて。［→p.67㉙㉚］

ボックス収納は目的別にシンプルに

軽くて取り出しやすい箱は、モノを収納するのにいちばん使い勝手がいいと思います。箱の中身は目的別にシンプルに、わかりやすく。あれこれ詰め込まず、箱にゆるやかに収まる分だけしか持たないと決めることもポイントです。

子どものお絵描きセットはファイルボックに入れて。画用紙、ペン、色えんぴつ、絵の具など。[→p.64❷]

これは夫用のかご2つ。帰宅するとポケットの中から、小銭、レシート、カギなどをこの中に投げ込み、時間のある週末などに仕分けをしているようです。[→p.65⓬]

バンカーズボックス（深型）には、カメラ、ソーインググッズなど趣味の道具を入れて。側面と底面が二重構造になっている丈夫なボックスです。

バンカーズボックス（浅型）の1つには便せん類を、もう1つには細々とした雑貨を入れて。

作り付けの棚にはボックスを置くことにしました。見た目のトーンをそろえれば、素材が違ってもすっきりまとまります。

キャスター付きの硬質パルプボックスには、クッションカバーやソファカバーなど、布類を入れています。
[→p.65⓯]

上段のバスケットにはまだ読んでいない本を、下段のパルプボックスには繰り返し読む本を入れて。背表紙を上にして立ててしまいます。

家族が片づけられる仕組みをつくる

片づけは、家族の協力なくしては成り立ちません。わが家は5人家族なので、ひとりひとりが「使ったモノは元に戻す」というルールを守ることにより、快適な空間が保たれます。モノを散らかしがちな子どもたちがきちんと元の場所に戻せるように、いくつか工夫をしています。

仕事で使う文房具類は、取っ手付きのボックスにまとめて。ボックスごと作業する場所に運んで使います。[→p.64❹]

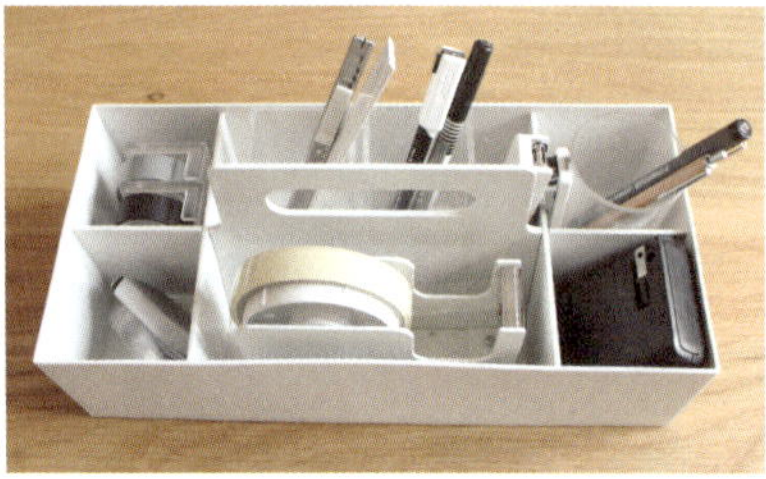

ボックスには、セロハンテープ[→p.67㊴]、ペン、定規、カッター、メジャーなどを入れて。

リモコンが迷子になりがちなので、トレーの上にマスキングテープで印をつけました。

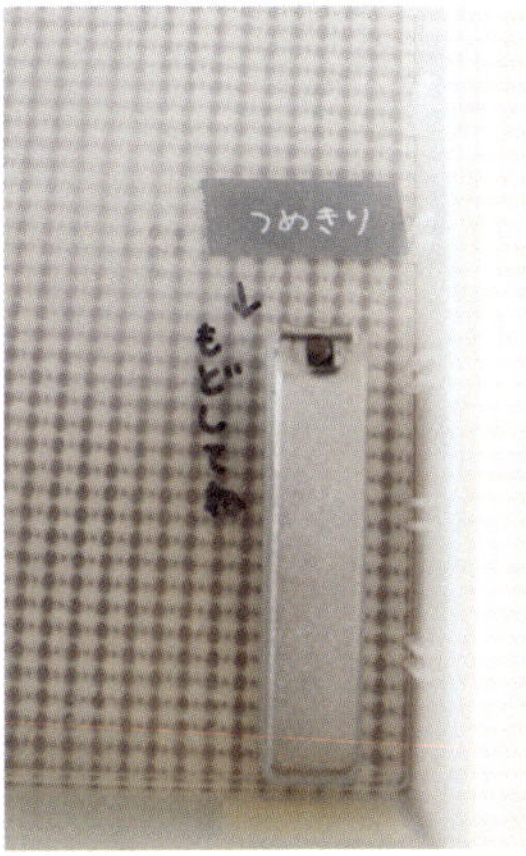

引き出しの中にも、マスキングテープで印をつけておきます。「どこにいったー?」がなくなるようにひと工夫。

わが家のゴミ箱は、ほぼすべて無印良品のタモ材のモノ。引っ越した当初は、ゴミ箱はリビングに置かないことにしたのですが、キレイを保つにはやっぱり必需品。底にビニール袋を数枚入れておくと替えるのがラクです。[→p.67㉜]

黒いティッシュのボックスに白ペンで「please use this ONLY in the living room!」と書き入れて。持ち出した人がリビングに戻せるように。

壁をいかして飾る・しまう

ダイニングの壁には小さな棚を取り付けて、お気に入りの雑貨を少しだけ。木製のクロスはフィンランドのもの。鍋敷きとしても使います。
[→p.66㉔]

場所をとる収納家具を増やさずに、モノを飾ったり収納したりするために、わが家では壁面を活用しています。無印良品の「壁に付けられる家具」シリーズは、石こうボードの壁を大きく傷つけずに使える頼もしいアイテム。壁面を利用することにより、インテリアの楽しみ方が広がります。

置時計を壁に掛けることにしたら、机の上がすっきりしました。

小さな棚は玄関の壁にも。賃貸の家なので大きな釘はNG。専用の小さな画びょうだけで取りつけることができるなんて、私にとっては魔法の棚です。
[→p.66㉕]

寝室の家具はベッドだけ。サイドテーブルは置きません。
代わりに棚をベッドの横に取り付けて、メガネや携帯を
置いています。携帯の充電器もここに。[→p.66㉕]

リビングの引き戸がこげ茶色の重量感のある扉で気になるので、白い無地の布で目隠ししました。

↓

白い布を画びょうでとめただけ。

←

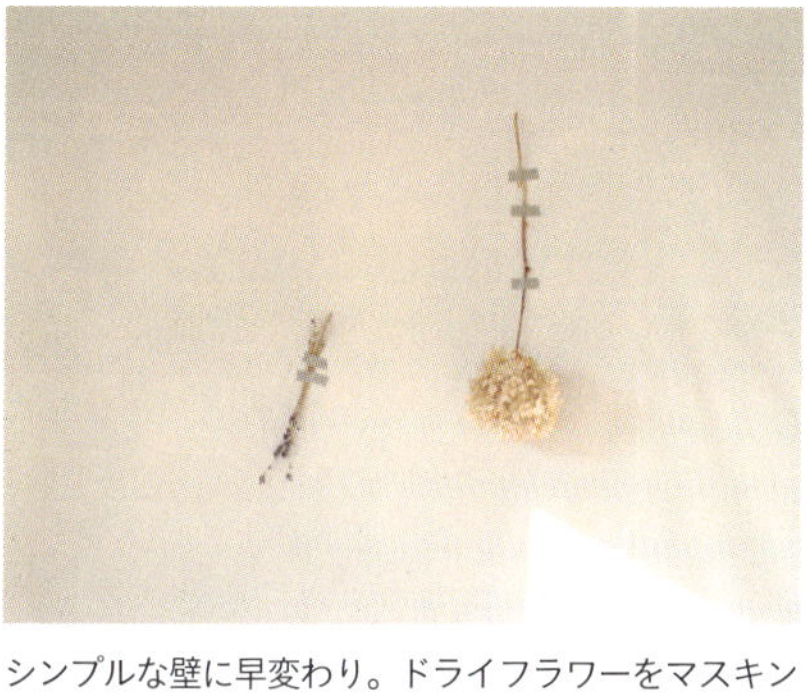

シンプルな壁に早変わり。ドライフラワーをマスキングテープでとめてアクセントに。

洋服収納はすべてを見渡せるように

クローゼットの扉を開けたとき、何がどこにあるのか瞬時にわかるのが理想です。服の数が少ないと、ひと目で全体を把握できるので、朝の洋服選びにほとんど時間がかからなくなりました。お手本はショップのようなディスプレイ収納。きちんと収納するだけでなく、おしゃれが楽しくなるような置き方を心がけて。

扉を開けたときに、何がどこにあるかひと目でわかるように。できる限りゆとりを持たせて。普段は扉を開けっぱなしにしています。

ハンガーを統一することで、洋服の肩の高さが均一になり、スッキリ見えるようになります。スカートにはピンチ付きのハンガーを愛用。[→p.67㉟]

上からトップス、ボトムス、ソックス類。服が少ないからこそ、理想のディスプレイ収納が可能になりました。

ピアス類はベロアのケース[→p.66㉒]に入れて棚の中央に。いちばん下のラタンボックスには下着を収納。

300円ショップで購入した棚に引っ掛けるラックは、なかなか優秀な収納アイテム。マフラーなどの巻物を入れて。

クローゼット内の棚は可動式なので、洋服の枚数に応じて好きな高さに動かせます。また、棚板を増やすことも可能。

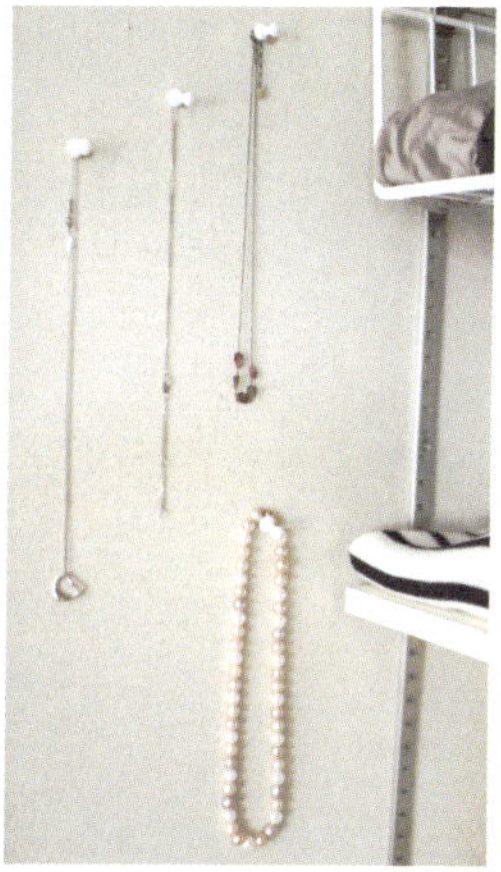

ネックレスは、壁に刺したピンにぶら下げるだけのシンプル収納。

大きな引き出しは不織布仕切りケースで仕切ってズボンをしまっています。ひとつのケースにズボン2〜3枚ほどのゆったり収納。[→p.65⑱]

長男の下着やソックスはケースに投げ込むだけ。

子どもが自分で出し入れできるように

子どもたちが自分で洋服を出し入れできるよう、ひとつのボックスにしまう服は1種類だけにしています。きれいにたたんできっちり収納するのは難易度が高いので、ゆるやかに余裕を持って。4歳の次男は最近ようやく1人で上手に着替えられるようになりました。長女と長男は、現在洗濯物をたたんでしまえるように練習中。

お兄ちゃんやお姉ちゃんをまねて洋服を出し入れする次男。自分専用の収納スペースなのでうれしそう。

木工作家さんのぱたぱた扉の収納家具には、取っ手つきの収納ケースを入れて。[→p.65⑯]

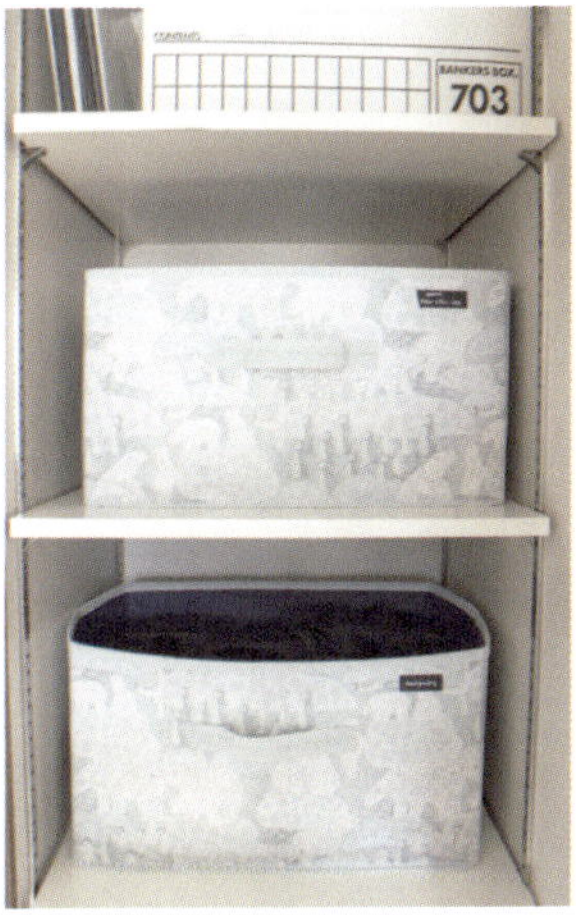

300円ショップで購入した取っ手付きの収納ボックスには、長男が学校で使うエプロン、バンダナ、リコーダーなどを収納。下段のボックスにはリュックサックなどのバッグ類を。

2段のトレーは長男の読みかけの本や学校のプリント類を置いておく場所。傾斜があるので紙類を出し入れしやすいです。[→p.66㉓]

シンプルで肌ざわりのいいものを

無印良品のラグ。はじめてのラグにこちらを選んだのですが大正解。掃除しやすく、グレーの色合いも気に入っています。

黒い革張りのソファは、ベルメゾンで購入したフィットソファーカバーをかけて、やさしい肌ざわりに変身。このソファカバーは、こどもが上で遊んでもズレることのない優れモノです。

モノ選びの基準は、デザインがシンプルで長く使えることと、手に取ったときの肌ざわりがいいこと。肌ざわりがいいものがそばにあると、心もおだやかにやさしくなるように思います。子どもたちも気持ちのいい感触のものが大好きです。

アクタスのブランケットは、とてもやさしくあったかくて家族みんなのお気に入り。綿75%＋ポリエステル25%、洗濯機で洗えます。

子どもの友だちが遊びにくると、みんな真っ先に座るのが、この無印良品の「体にフィットするソファ」。体を投げ出すととっても気持ちいい！

クラスカのバスタオルは、普通のタオルより薄くて乾きやすいのに、吸水性抜群。ループを引っ掛けておけば、次の日にはすっかり乾いています。

出かけるときは、あわてず身軽に

バッグの中の小さなものはすべて無印良品のバッグインバッグに収まっています。収納ポケットが内側と外側あわせて14個所もある便利なアイテム。バッグインバッグのおかげで、バッグが変わっても忘れ物の心配がありません。

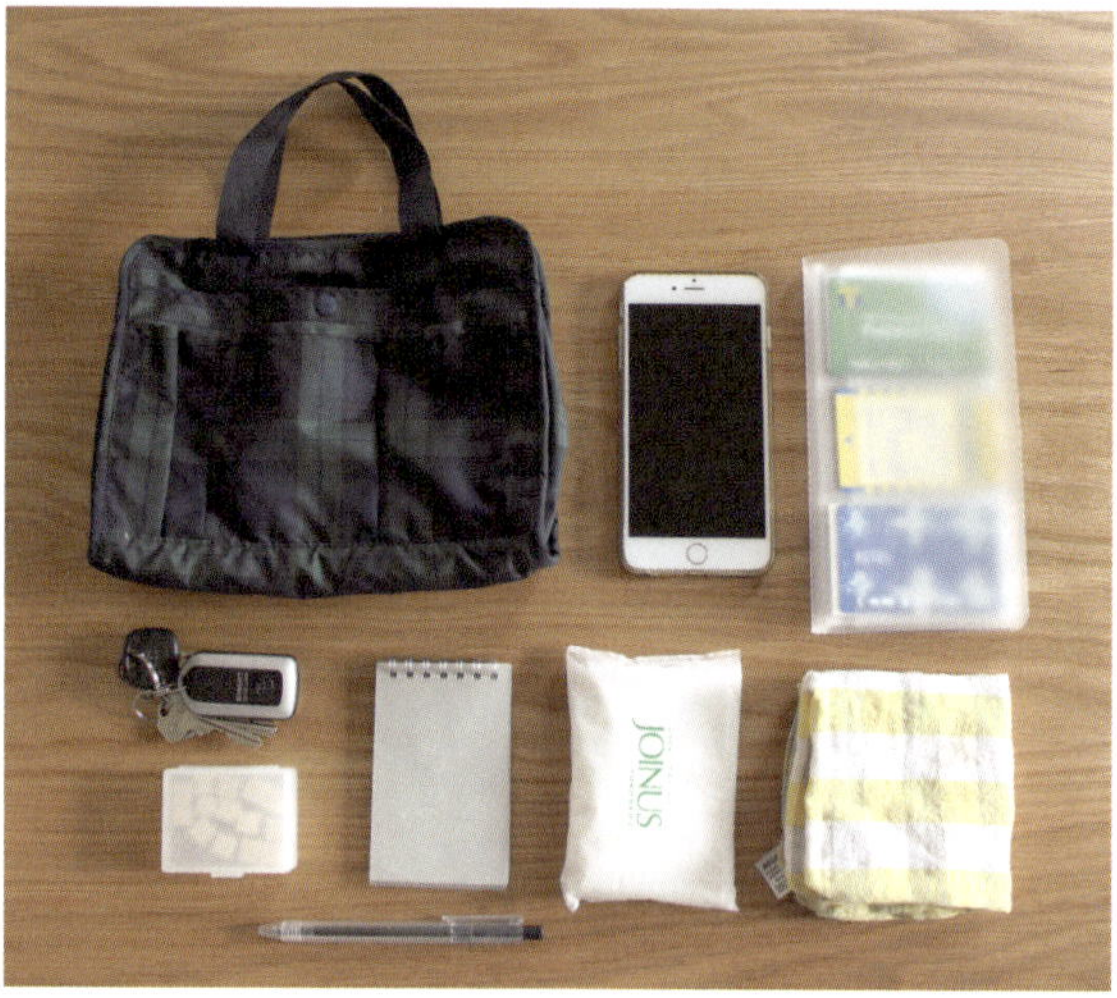

バッグインバッグの中身。カード類は無印良品のカードフォルダーにまとめて。[→p.67㊳]

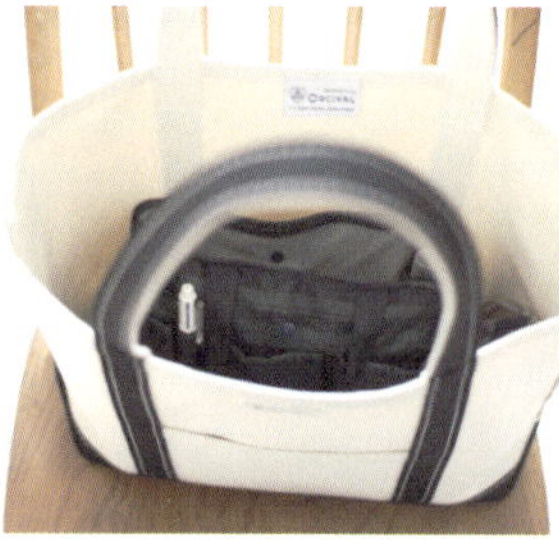

トートバッグに、バッグインバッグ、財布、水を入れて出かけるのが定番スタイル。

右上のルイ・ヴィトンは、フォーマルなシーンのみで使用。散歩に行くときやテニスをするときはマリメッコBuddyのリュックを持って。

エコバッグは2つ。左の赤いバッグは少し起毛した素材なので秋冬用、右の青い花柄は春夏用。洋服がシンプルな分、エコバッグをさし色にしています。

いつも持ち歩くペットボトルの水にはレモンのスライスを入れて。

COLUMN

無印良品とつくる老後の暮らし

山形県に住む私の両親は、父が70歳を迎えたことを機に、長年寝起きをしていた寝室を、2階から1階へ移動しました。老後を楽しむためにリフォームした16畳の和室を区切り、奥の8畳は寝室にしてベッドを2つ置き、手前の8畳はゆったりとくつろげるスペースにしました。

家具をそろえるために両親が最初に見に行ったお店は「無印良品」。実家は曹洞宗のお寺なので、室内はすべて和室ですが、どんな空間にもスッとなじんでくれるシンプルな家具やアイテムをひと目見て気に入り、1時間以上も時間をかけてゆっくりと店内を見てまわりました。

「同居している3人の孫もいっしょにくつろげる空間にしたい」という両親が選んだテーブルは、大きめのオーク材のローテーブル。ローテーブルの下には、畳の色にマッチする淡いベージュのラグを敷いて。そしてテレビ台にはオーク材のガラス扉のキャビネットを選びました。

もうひとりの住人でもある20歳になる老猫の「りゅう」のお気に入りの場所は、無印良品のベッドカバーがかけてあるベッド。窓からは中庭の木々やお寺の本堂が見えて、ベッドにゆったりと寝そべりながら、中庭にやってくる小鳥たちや、本堂にやってくる人たちを眺めるのが大好きだそう。私も、毎年子どもたちと里帰りをするのですが、この部屋でお茶を飲みながら両親とおしゃべりをするのがいちばんの楽しみだったりします。

部屋半分は母の趣味の洋裁をするスペースに。庭の眺めがいいので、お客さんがいらしたときは、こちらへお通しします。

シングルベッドを2つ置いて。ベッドには無印良品のベージュのキルティングカバーをかけています。

法事のときに、はじめて住職のおじいちゃんのサポートをした長男。とてもいい経験になりました。

わが家で使っている収納用品以外の無印アイテム

収納用品以外にもさまざまな無印用品のアイテムを使っています。そのなかでもおすすめのアイテムはこちら！

❶

壁に付けられる家具・ミラー・中・オーク材
¥7,900

簡単に取り付けられます。玄関で出かける前の身だしなみをチェック。

❷

スチールトレースタンド
¥3,500

木製トレー・タモ
¥1,500

わが家の買ってよかったアイテムベスト3に入るお気に入りのサイドテーブルセット。

❸

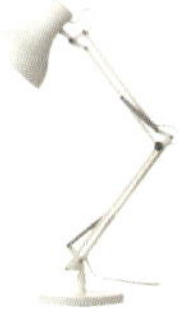

LEDアルミアームライト・ベース付
¥7,900

アームの可動域が広く、角度の調節がしやすいライト。

❹

ブナ材時計（アラーム機能付）置時計
¥3,900

ブナ材温湿度計置型
¥3,900

ミニマルな暮らしにぴったりの小さな温度計と湿度計。乾燥しがちな冬は毎日チェック。

❺

ダイヤル式キッチンタイマー
¥1,900

必要十分な機能で、もうほかのモノは使えないぐらいお気に入り。

❻

ポリボトル・スプレー付・小・300㎖・クリア
¥420

水を入れて掃除に使っています。細かい霧が出て使いやすい。

❼

手動式鉛筆削り　小
¥600

コンパクトで軽く持ち運びにも便利。定位置はリビングの机の上。

❽

磁器超音波アロマディフューザー
¥5,900

穴の開いた陶器からやわらかい灯りが。毎日愛用しています。

CHAPTER

3

人生をシンプルにする10の習慣

習慣 1

ドアを開け放ち、空気の循環をつくる

朝起きるとすぐに玄関のドアを開け、新鮮な空気を家の中に取り入れます。これは、私の毎朝の日課。朝の空気にはマイナスイオンがたっぷり含まれていて、何度も深呼吸したくなるほど澄んでいます。家の中の汚れやほこり、淀んだ空気を外に出すことにより、目には見えませんが、よい気が入ってくるように感じます。

朝のすがすがしさを感じながら、玄関の隅に置いてあるほうきとちりとりを使い、3分ほどでサササッと玄関を掃きます。「そうじをしなくては！」と大きく構えてしまうとめんどうに感じますが、「3分でできるのだから」と気楽に考えて習慣にしてしまうと、自然にできるから不思議です。

心がスッキリする、なんだか心地よく感じるというのは、「何かいいモノ」が家の中に入ってきたサイン。「掃除をするとお金が入ってくる」とか「幸運が舞い込んでくる」とよく耳にしますが、その通りだなと思います。玄関をすっきりミニマルに保ち空気の流れをつくると、とてもすがすがしい気分になり、気持ちよく一日がスタートできます。

習慣2

頭の中身をノートに書き出す

私が毎日のココロのお片づけのためにしていることは、自分の気持ちをノートに書き出すこと。お茶を飲みながらノートを開き、さまざまな思いを書き綴る。そうすることで、頭の中にあるあれこれをリセットできるのです。

たとえば「いろいろなハーブを使った料理をしてみたい」とふと思ったとき、それをノートに書いておくと、あとから読み返して、そのアイディアをふくらませることができます。「ハーブの効能をパソコンで調べてみようかな」とか「ハーブを豊富に扱っているスーパーに足を運んでみよう」など、次へとつながるのです。ふと思いついたことを放ったらかしにせず、ノートにメモしておくと、あとでそのアイディアを生かせると同時に、頭の中もすっきり保つことができます。本や雑誌で見ていいなと思ったもの、行ってみたい場所、テレビで見かけた気になる人など、何でもノートにメモしておきます。

日々暮らしていると、さまざまな出来事があり、そこから多様な思考が生まれます。それが自分にとって心地いいものであればよいのですが、嫉妬、心配、非難などのネガティブなものであるとき、ココロの中は、まるでおもちゃ箱をひっくり返したかのように散らかった状態になってしまいます。たとえば、人から言われた何気ないひと言が気になると、そのことを考えて腹を立て、あとから何度も思い出してはモヤモヤした気持ちになったり。自分がイヤな気分をひきずっていると、さらにネガティブなことを考えたり、まわりに不機嫌な空気を撒き散らしたりという悪循環に陥ってしまいます。

そんなときは、気になっていることを紙に書き出します。これで気持ちに区切りをつけ、その事柄を外に預けたこととして考えないようにします。次の日に見ると、「こんな細かいことを大きく考えて、ずいぶん偏った見方をしていたな」など、客観的に自分の考え方やもののとらえ方を見つめ直すことができます。ココロの中にたまったものは、紙に書く形で外に出してみると、気持ちがすっきり軽くなるのです。

左側の無印良品のスケジュール帳はいつもバッグに入れて、気づくたびに書き込んでいます。右側は新月ノート。去年からはじめた新月ノートには、新月の日に願いごとや目標を10個書いています。

すぐにペンやメモ帳を取り出せないシチュエーションのときは、iPhoneのメモ帳に書き込みます。最近は新機能がついて、イラストも描けるようになりました。

習慣 3

食事は好きなものを感謝していただく

食事の時間は、食べものを味わって楽しむ、とても大切な時間。これは体にいい、これは体に悪い、食べるとこんな病気になる……今の時代はさまざまな健康情報があふれていますが、これらの情報は聞いて流すようにしています。一応聞きはしますが、あまり深く考えずに流していくのです。

以前は「体によくない」と聞くと過剰に反応してしまうこともありました。安全情報ばかりに気をとられ、健康になることに必死で頭でっかちになり、楽しいはずの食事の時間が、なんだかとても堅苦しいものになっていたのです。

100歳を超える幸せな健康長寿の方は、食事は何でもよく食べて、食事を楽しんでいる方が多いと聞きます。食事をもっとシンプルに楽しむこと。頭で考えて食事をするのではなく、五感で味わい楽しむこと。そして、笑顔でいることが何よりもの免疫力アップにつながると考え、家族も自分も楽しく食べることがいちばんと考えています。

ARABIA

習慣 4

「これがあると安心」を持つ

子どもがいると、どうしても学校などで風邪をもらってきてしまい、それが私や夫にうつることがあります。そんなときに私がいちばん頼りにしているのが、マヌカハニー。出会いは数年前。唾すら飲み込めないほどひどい喉の風邪をひいてしまったとき、病院で抗生剤や痛み止めを出してもらったのですが、薬に頼らず治せたらいいのに……と、書店に足を運んだり、ネットで喉の健康情報を探しているときに偶然出会いました。

マヌカハニーは、ニュージーランドでしか採れない貴重なハチミツ。炎症を抑えたり、免疫力アップにも効果があるということで、さっそくネットで注文しました。これが驚くほど効くのです！「あれ、ちょっと喉が痛いかな」というときに、スプーン一杯なめるだけでスーッと痛みがひき、こじらせることがなくなりました。なめた後は喉にはちみつがとどまるように、しばらく飲み食いをせずにおくのがポイントです。即効性があり、すぐに効果を実感できます。喉が弱くて扁桃腺を取った妹にもすすめたところ、喉のトラブルがほとんどなくなったと大喜び。いつも2びんは常備しているそうです。

マヌカハニーには「UMF」という数値があり、抗菌成分の含有量によって数値が変わります。ちなみに最高の数値は20＋で、いちばん高価。私の使い方は、軽い風邪のときや免疫力を高めたいときは15＋を使い、インフルエンザや風邪などがはやる冬は20＋を準備しておきます。

もうひとつ頼りにしているのが、ソンバーユ（馬油）。私は子どものころアトピーがあり、今でも敏感肌で、とくに冬は肌がガサガサになってしまいがち。ソンバーユは肌の乾燥に効くのはもちろんですが、わが家では夏にも活躍します。

開放感のある空間が心地よくて、網戸なしで窓を全開するわが家では、蚊にさされてしまうことがよくあります。そんなときにソンバーユを塗ると、かゆみも腫れも消えるのです。市販の虫さされの薬よりもよく効き、肌にもやさしいので、アウトドアを楽しむときはいつもバッグの中に忍ばせています。

ネットショップ「ハニーマザー」(https://www.honeymother.jp/)で購入しているマヌカハニー。喉の痛みに効きます！ 親戚や友人にもじわじわと広がりつつあります。

ソンバーユは、さまざまな皮膚疾患に効きますが、アウトドア派なわが家では、とくに虫さされのときに頼りにしています。

習慣 5

朝の時間を有効に使う

子育てをしていると、自分の時間が足りないと感じるときがあります。そんなときは、朝の時間を活用するのがいちばん。私は、体内時計をうまく働かせるために、なるべく日の出の時間に合わせて起きるようにしています。体の調子も整い、時間もできて一石二鳥です。起床時間は、春夏だと5時台と早め、秋冬は6時台。起き抜けは体が乾燥しているので、常温のミネラルウォーターをコップ一杯飲みます。スライスレモンやミントの葉っぱを浮かべて飲むこともあります。

家の引っ越しなどがあり、しばらくウォーキングから遠ざかっていましたが、ある日、なんとなく歩こうかなと思い立ち、天気のいい日に少しだけ早起きして30分ほど歩いてみました。この爽快感、思い出した！　心拍数が徐々に上がり、心地いい疲労感を感じつつ、心身によい影響を与える脳内のさまざまなホルモンが分泌されていくのがわかりました。

ウォーキングは、歩いたその日から確実に効果が現れます。私の場合は、「また執筆したい！」という目標がムクムクッと湧き上がってきて、本で表現したいことや発信したいアイディアが、ポンポン浮かんできました。歩くことは心身によい影響を

与えるだけでなく、幸運すらも運んできてくれると思います。それはおそらく、歩くことでココロと体が健康になり、よい気分でいる時間が増えるので、それが結果的に幸運を引き寄せるのかもしれません。

歩くのは週に2~3回、15分だけでも効果はあります。歩き方は、歩くことに集中してリズミカルに。ぶらぶら歩きではなく、若干足早に歩くのがポイントです。

朝のウォーキングのあとの15分ほどは、私の貴重なひとり時間。朝の15分は夜の1時間に相当するほど何をしても能率が上がるゴールデンタイム。自分なりの「15分でできることリスト」を作っておくと便利です。

**15分で
できること**

・野菜料理を作り置きする
・近所をウォーキングする
・アロマオイルを焚きながらノートにやりたいことを書く
・部屋をサッと片づける
・シャワーを浴びてリフレッシュする
・ていねいにミルクティーをいれる
・インスタグラムやブログを更新する

愛用している無印良品のアロマディフューザー。香りに癒されながら、小さな穴からやわらかい灯りがもれるのを眺めてほっこり。風邪のときは「ティートゥリー」と「ユーカリ」をブレンドして使います。

習慣

6

他人を変えようとせず、あるがままを認める

他人を変えようとすると、ものすごい労力とストレスがかかります。「他人はあるがままでいい」と決めてから、人間関係がとてもスムーズにいくようになりました。

たとえば、夫との関係もそう。夫はモノをたくさん持つのが好きで、とくに靴はいろいろな種類を持っています。私がミニマルな暮らしにシフトチェンジをはじめたころ、夫の持つ靴の量がとても気になった時期がありました。「私も子どもたちも少ない靴で上手にはきまわしていて下駄箱もスッキリしているのに、夫だけどうしてこんなに靴が必要なのだろう?」と。でも、よく見ていると、夫は毎日違う靴をはいていて、それぞれの靴がまんべんなく使われているのです。そして夫はとても楽しそう。それを見て、「ミニマル」のとらえ方は人それぞれで、ほんとうに靴が好きなのであれば、たくさんあってもいいんだと思えるようになりました。夫を変えようとするのではなく、あるがままを認めよう。そう決めてから、どんどん夫との関係が良好になっていきました。

他人を変えることに貴重な時間を費やして、自分もその人も不愉快な気持ちになるのではなく、他人はそのままでいいと認めて、自分がワクワクすることに時間を費や

そう。そのほうが楽しいし私もラク。そう考えると、いろいろなことがよい方向へ動き出します。

また、自分が人にしてあげられるいちばんよいことは、「自分が〝いい気分〟でいること」という点も、いつも意識するようにしています。子どもの将来、家族や親戚の健康状態、友人の不幸な出来事……身のまわりには、心配の種がたくさんあります。以前は、かわいそうだと同情したり、心配したりすることが、他人のためになると思い込んでいました。たしかに、相手のことを思うことは大事です。でも、人のことを思い悩むあまり、自分の毎日の生活を楽しめていないのでは、まわりの人にもいい影響は与えられないはず。自分が人にしてあげられるいちばんのことは、「きっと大丈夫！」とポジティブに信じること。そして、自分の〝今〟を大切に楽しむこと。私自身、一生懸命何かに打ち込み、充実した毎日を過ごしている人から、いつも元気をもらっています。

習慣

7 時間の質を高める

みんなに平等に与えられている時間。人生は有限なのだから、大切に時間を使いたいものです。時間の質を高めるために、私は「自分が好きなこと」をするように心がけています。それは言い換えると、自分がやりたいこと、ワクワクすることに時間を使うということ。そのためには、人に何かを頼まれて気が進まないときは、上手に断ることも必要です。お互いが気持ちよく過ごせるよう、話し方に気を配ります。

たとえば、先日夫から「同僚とその同僚の彼女と、日曜日を1日いっしょに過ごさないか」という提案がありました。私は「いっしょにランチ食べて、そのあとは子どもたちとお出かけしたいな」と夫に言い、子どもたちもそれぞれ、「日曜日はこういうふうに過ごしたい」と自分たちの考えているプランを伝えました。

上手な断り方として、「へぇ、楽しそうだね。誘ってくれてありがとう！」と相手の提案をポジティブに受け入れたあとに、「でもじつは、私はこういうふうにしようと思っていたよ」と自分がやりたいことをやわらかく相手に伝えます。感謝の気持ちを先に示すことで、こちらの希望も尊重してもらえるのです。

家族以外から誘われたときも、「誘ってくれてありがとう」と最初に伝えれば、相手も悪い気はしないでしょう。もしそのことで相手が気を悪くしたら、それを悪くとらえた相手の問題でもあります。

前述した通り、他人はあるがままでいいのです。そのことで相手を責めたり、自分が頭を悩ませる必要はないのです。

習慣 8

子どもを信じ、見守る

3人の子どもを育てていると、日々、さまざまな気づきや学びがあります。子どもも1人の人間であり、子どもをコントロールするのではなく、子どもを信じて、あたたかく見守ってあげることが大事だと思うようになりました。

たとえば、4歳の息子は、最近何でも自分でやりたがります。「自分でコップに牛乳をいれたいの。ママは手伝わないで！」と、パックの口を開けたばかりの牛乳を自分で持ってきて、小さなコップに注ぎ入れたいと主張するときがあります。以前は「絶対こぼすからダメ！」とやらせていませんでしたが、最近は、息子の「やりたい気持ち」を尊重し、たとえ失敗する可能性があっても、1人でやらせてあげるようにしています。

何も言わずに見守るというのは、まさに〝言うは易く行うは難し〟。口を出したくなるときもありますが、そこは自分を落ち着かせてグッとがまん。繰り返しこのような経験を積むことで、私自身も、見守ることができるようになってきました。先まわりして失敗を防ぐのではなく、失敗も経験のひとつと考え、見守ってあげる。「失敗するよ、やめなさい」ではなく、「きっとできるよ、やってごらん！」というポジテ

ィブな言葉がけを増やしていきたいと思います。

子ども部屋も、基本的には子どもにまかせて手出ししないようにしています。とくに娘は、模様替えが大好きで、毎日のように家具を動かしたり、収納ボックスを空き箱などで手作りしたりするほどの腕前。最初のころは、「ここにはピンクではなく白い布をかけたほうがスッキリ見えるんじゃない？」と模様替えのときに口をはさんでいましたが、「ここは絶対にピンクが合ってるよ。白だとシンプルすぎると思う」と、自分の中に理想像をしっかりと思い描いている様子。それを見て、小学生になってからずいぶん成長したなと驚きました。娘は洋服のたたみ方もきちっとしていて、おばあちゃんにそっくりだなぁと感心しつつ、子ども部屋には手出しをしないと決めたのでした。

娘のお手製収納ボックス。
自分で形や色を考えて作
っています。

習慣 9

家に気軽に人を招く

「アメリカの人は、なんてオープンなんだろう!」

それは、はじめてアメリカで生活したとき、いちばんに感じたこと。気軽に親類や知人を家に招き、2~3泊も泊まらせてくれたりすることに、最初は正直驚きました。自宅でホームパーティーを開いたり、バーベキューをして近所の人を招いたり、人と人との交流が活発で、そういったライフスタイルってとても素敵だなぁと感じたのです。

日本に引っ越すことが決まったとき、日本でも、アメリカのようにオープンで気軽に人を招く家でありたいと思いました。たくさんの人が集まっても、ゆったりとくつろげる空間。モノが少なくスッキリとしたリビングだったら、お客さんがゆっくり眠れるはず。

努力の甲斐あって、横浜に引っ越してはじめての夏休みには、カリフォルニアに住む義弟ファミリーが初来日し、3週間わが家に滞在しました。続いてテキサスに住む義両親が1か月間滞在。そして、山形に住む両親は毎月のようにわが家に来て1週間ほど滞在し、孫たちと過ごす時間を楽しんでいます。わが家は、お客さんの絶えないにぎやかな場所となり、子どもたちも「次は誰が泊まりにくるの？」と楽しみに。子どもたちには、人との交流を大切にして、そのなかからさまざまなことを学び育ってほしいと願っています。

アメリカの義母は、わが家にくるといつもお菓子を焼いてくれます。

習慣 10

自然の中で時間を過ごす

わが家の週末の過ごし方は、いつも決まっています。晴れている日は、自然の中で過ごす。決めているのはこれだけです。

いちばんのお気に入りの場所でもある神奈川県の葉山は、車を走らせて30分ほどの距離。釣りざお、網、虫かご、テニスラケット、ピクニックシート、飲みもの、くだものやお菓子を積んで出発。大好きな葉山や秋谷方面に車を走らせながら、そのときの気分で目的地を決めるというゆるさが、気負わずリラックスして週末を過ごす秘訣なのかもしれません。

長男のお気に入りは、磯釣り。長男と夫が釣りを楽しんでいる間、私と長女と次男は岩場でヤドカリや小魚をつかまえたりして遊びます。毎月わが家にやってくる父も大の釣り好きで、孫と一緒に何時間も夢中になって誰がいちばん多く釣れるかを競い合っています。

お昼ごはんは、葉山の近くにある大楠山《おおぐすやま》の中にある食堂が行きつけの場所。自然好きなファミリーたちが集まる、隠れ家的人気スポットです。海、山、川、森。自然の中で週末を過ごすようになったのは、じつは子どものおかげ。はじめは子どもに自然

を体験させたいと思ったのがきっかけだったのですが、気がつくと子ども以上にイキイキと自然の中で遊ぶ夫や私がいました。

もちろん「家でゆっくりしたいなぁ」という気分のときもあり、そういうときは、遠出せずに近くの公園でまったりと過ごします。都会の中にも、探してみるとじつに多くの公園や自然があるのです。公園をぶらぶらと散歩したり、風景や花の写真を撮ったり、芝生の上に寝転んだり。自然の中に身を置くだけで、驚くほどリフレッシュできます。日曜日の夜は、次の日のことを考えると沈んだ気持ちになりがちですが、週末に自然の中でエネルギーを充電しておくと、心地いい気分のまま、新たな一日を迎えることができるのです。

おわりに

夫が退職するまで、さまざまな土地を転々とする、私たちのライフスタイルは変わらないかもしれません。でも、モノを減らして身軽になった今、「引っ越すこと」に対する考え方にも変化がありました。

引っ越しには、慣れ親しんだ土地や友人と離れるさびしさも伴いますが、「新しい土地で、新しい発見と経験ができるチャンス」というプラスの面もあります。こんなふうにプラスに目を向けることができるようになったのは、モノを手放してミニマルに、よりシンプルに暮らすようになったからだと思います。

そして、私たちの暮らしのよき相棒でもある「無印良品」のものたちがそばにいてくれれば、どんな土地に暮らしても、家はいつでもくつろげる場所であることに変わりはないはず。これからも、自分らしくミニマルに毎日を楽しんでいきたいと、静かなワクワクを感じているところです。

部屋を整えることは、心を整えること、そしてそれは「人生を整えること」につながります。面倒くさがりでズボラな性格の私が、苦手分野である「整えること」を楽しんで続けられていられるのは、ライフワークであるブログやインスタグラムのおかげです。ブログに綴ることで、あいまいになりがちな自分の考えを明確にし、写真を撮ることで、自分の理想をはっきりとビジュアル化し、また客観的に自分を見つめ直すことができます。そして、それを通じて世界中の人たちとつながり、情報交換を楽しむことができるなんて。こんな便利な時代に生まれて、幸せだなぁと日々感じています。

最後に、本書の出版を実現してくださった編集の八木麻里さん、素敵な本に仕上げてくださった細山田デザイン事務所の狩野聡子さん、そして私の写真を撮影してくれた子どもたちに、心から感謝したいと思います。

本書を手に取ってくださったみなさまが、毎日をワクワクしながら楽しく過ごせますように。

2016年2月　みしぇる

PROFILE

みしぇる

michelle

1978年、山形県生まれ。関西外国語大学で英米語の学士号を取得後、国際結婚をする。アメリカ人の夫、3人の子どもたちと、神奈川県・横浜市在住。夫の転勤により、これまでに、ハワイ、神奈川県・葉山、カリフォルニアなど、さまざまな土地で暮らした経験をもつ。現在は、3人の子育てをしながら、雑誌の執筆や朝時間.jpの「朝美人スタイル」で連載中。著書に『毎日がもっとハッピーになる 朝型生活のはじめかた』(SBクリエイティブ)がある。

うらうらな日々。
http://urauradays.blog.jp/

Instagram
https://www.instagram.com/ura_ura_days/

ブックデザイン　細山田光宣、
狩野聡子（細山田デザイン事務所）
写真、イラスト　みしぇる
編集担当　八木麻里

ミニマルに暮《く》らす with《うぃず》無印良品《むじるしりょうひん》

2016年3月15日　初版第1刷発行

著　者　みしぇる

発行者　小川 淳

発行所　SBクリエイティブ株式会社
〒106-0032 東京都港区六本木2-4-5
電話 03-5549-1201(営業部)

印刷・製本　萩原印刷株式会社

落丁本、乱丁本は小社営業部にてお取り替えいたします。
定価はカバーに記載されております。
本書の内容に関するご質問等は、小社学芸書籍編集部まで書面にてお願いいたします。

Printed in Japan
ISBN978-4-7973-8674-5